社区民众防护

徐敏 ——— 主编

·北京·

内 容 简 介

本书是国防与民众防护教育读本，可作为国防、人防教育基地教学训练材料及社区相关教育的教学资料，适用于民众国防动员教育学习。本书共三章。第一章阐述国防动员与民众防护，介绍国防动员的概念、由来、内容、法律体系及管理体制，分析战争带来的生命财产受损、生态资源浩劫等危害；提出民众需保护自身安全，参加社区行动，履行国防义务的防护要求。第二章围绕民众防护准备，阐述了人民防空教育的内涵、作用、目标与内容，介绍人民防空警报类型及识别方法，疏散与掩蔽的准备要点；强调家庭应急物资准备、应急信息获取、联络方式确定及预案制定的重要性。第三章聚焦民众防护行动，涵盖紧急疏散的组织实施、人防工程掩蔽的流程与注意事项，详解核辐射、生物、化学危害的应对知识，以及心理危机的防护方法与技巧。附录则收录了外伤救护、自制饮用水等实用应急技能。

图书在版编目（CIP）数据

社区民众防护 / 徐敏主编. -- 北京：国防工业出

版社，2025.4. -- ISBN 978-7-118-13637-1

Ⅰ. E256

中国国家版本馆 CIP 数据核字第 20259S1F16 号

※

国防工業出版社 出版发行

（北京市海淀区紫竹院南路 23 号　邮政编码 100048）

北京凌奇印刷有限责任公司印刷

新华书店经售

*

开本 880×1230　1/16　印张 3¾　字数 90 千字

2025 年 4 月第 1 版第 1 次印刷　印数 1—1500 册　定价 68.00 元

编 写 人 员

主　　编：徐　敏

副 主 编：徐华宇

参编人员：刘克平　徐　莉　李常竹

　　　　　杨　琼　袁丽芳

审　　校：朱明辉　武成杰

前　言

　　本书可用于国防、人防教育基地教学训练，也可用于社区相关教育的教学材料及民众国防动员教育学习材料。在指导思想上，本书贯彻国防教育法、国防动员法等法律法规要求，将国家安全观与民众安全能力有机结合；在知识体系上，反映国防动员的基本要求，遵循民众国防勤务能力生成规律，体现现代战争主要危害与防护准备；在内容选择上，贯彻以民为本的理念，注重战争直接危害的应对知识和技能，使本书对民众形成基层防护能力有指导作用；在表达形式上，依据成年人认知特点，尽量使用浅显精炼的语言阐述专业性较强的内容，对于容易通过其他渠道获得的知识简略描述，同时将理论知识与操作技能相结合，帮助民众快速掌握防护知识和技能。本书注重培养民众的国防观念，力争为民众人防意识的形成和防护能力的提升打下基础。

编者

2025 年 4 月

目 录

IX

X

第一章
国防动员与民众防护

第一节　国防动员

一、国防动员的概念

　　国防动员是我国常用的概念。根据我国《国防动员法》，现阶段我国国防动员是指为了维护国家主权、统一、领土完整、安全和发展利益，国家依照宪法和法律规定，进行全国总动员或者局部动员的行为。2015 年版《中国军事大百科全书·国防建设卷》认为，国防动员是"国家根据国防的需要，使社会诸领域全部或部分由平时状态转入战争状态或紧急状态所进行的活动。国防动员是国防的重要组成部分。适用情况包括国家的主权、领土完整、统一和安全遭到战争或其他军事威胁，以及需要采取国防动员手段应付的其他安全威胁时"。可见，国防动员涵盖平时和战时。战争动员是战时或战争逼近时的活动，是国家安全受到威胁时，为进行战争而将军事、经济、政治等领域转入战时体制的行动。我国国防动员标志如图 1-1 所示，其中五角星象征着国家无上的尊严与荣耀，同时也是国防事业的代表元素，寓意国防动员是国家行为；长城烽火台象征国家安全，寓意国防动员是巩固强大国防、维护国家安全的战略工程；和平鸽与橄榄枝象征着和平，寓意我国加强国防动员建设的根本目的是维护国家的和平与安宁；"NATIONAL DEFENSE MOBILIZATION"是"国防动员"的英译。

图 1-1　我国国防动员标志

二、国防动员的由来

战争动员是古今中外各群体保护自身安全的重要措施。

（一）古代战争动员涵盖人员和物资

古罗马时期征兵以氏族为基础，以财产划分等级，贵族提供骑兵，平民担任步兵。规定年满 17 岁的成年男性公民战时服役。这一制度曾延续了几百年。我国在商周时期（约公元前 1600—公元前 256 年）战争动员形式类似，兵源由王族、贵族武装和平民组成。甲骨卜辞中见有大量类似"王登人五千征土方"的记载，"登人"的意思就是临时征兵，"征土方"的意思就是发动战争去讨伐土方（位于今山西和河北北部的氏族）。西周实行"国野制"，国人是居住在城邑附近的贵族和平民，他们提供兵役和装备；野人（庶人）是郊外的农耕人，提供赋税和劳役。春秋时期，楚国已经建立了征赋制度，把民间的车辆、马匹、武器、适役人员都登记造册，以备战时征用。战国时期，各诸侯国之间战争频繁，主要的作战人员都通过大量动员青壮年参战而获得。在之后的历朝历代中，根据战争需要向民间征兵逐渐形成法规制度。包括兵员、军事训练、物资征用等活动。

（二）近代战争动员范畴逐步扩大

近代，战争动员的内容逐步包括能源、科技、物资、交通等领域。法国在 1793 年 8 月 23 日曾颁布《全国总动员法令》，确立了全民战争的概念，规定所有法国男性公民为国家军事资源，适龄人员参军，其他男性参加军工、后勤或地方防卫。征用马匹、粮食、武器等；实行价格管理，以最大限度地动员战争潜力，短期内就使兵力超 100 万人。美国南北战争时期（1861.4.12—1865.4.9）的北方联邦政府也进行了大规模的军事、经济、工业、舆论等动员，全国征兵，发战争债券，控制铁路、电报，扩大军工为战争提供武器弹药等物资器材，女性参加工厂军火业生产等，同时宣传爱国主义，最终南方军队投降，结束了内战。

（三）现代战争动员体系更趋完整

第一次世界大战时期，各主要参战国都进行了大规模的征兵和军工生产或购买武器装备，将军人的数量和武器装备水平不断推向新高。主要参战国参战兵力经大规模动员均成倍增加，具体情况如表 1-1 所列。

表 1-1　第一次世界大战主要参战国兵力情况

国家	参战初期兵力/万人	参战后期兵力/万人
俄罗斯帝国	533	1200
德国	382	1100
法国	378	750
英国	65	740
奥匈帝国	65	650
美国	未参战	420

各国大规模的军工动员为战争提供源源不断的武器，各国军队的武器装备不仅有各类枪支，还有坦克、潜艇、飞机、高射炮、毒气弹等新式武器。规模巨大的军工生产动员，必然要求社会资源高度集中，各国在全国总动员过程中，国家的政治、经济、文化、科技等方面转入战争轨道。到第二次世界大战时，各参战国的国家体制及全部活动都转入战时轨道，战争动员在军事、政治、经济、科技、文化、卫生、外交等领域全面展开。

"动员"作为一个专业术语出现，比动员实践晚了许多。19 世纪 50 年代，普鲁士军语中出现"Mobilmachung"一词，用来描述军队在临战阶段的"集结、装备和展开"。19 世纪 80 年代后期，日本在以德国为师进行军制改革时，用日语中的汉字将德国军语"Mobilmachung"一词翻译为"动员"。20 世纪初期，这一概念被我国使用，意为"能动之员"，即指"准备齐全的一个团体"。1903 年北洋陆军督练处编印的《军语》中就收有"动员"词条。1912 年，民国政府建立陆军大学堂，正式设立动员学课程，主要讲授动员法令、动员业务、国家总动员等内容。2011 年出版的《中国人民解放军军语》中，战争动员是指"国家或政治集团为应对战争，使社会诸领域全部或部分由平时状态转入战时状态的活动。分为全面动员和局部动员。目的是将战争潜力转化为战争实力，从人力、物力、财力等方面满足战争需要。动员工作全过程包括动员的准备、实施和复员"。

三、国防动员的内容

国防动员一般可以分为动员准备和动员实施两个阶段。

（一）动员准备

动员准备是战时动员实施的基础。平时做好动员准备，积蓄强大的经济实力和后备力量，不仅对战时实施快速动员、夺取战争胜利具有重要意义，还可以起到遏制战争、威慑敌人的作用。世界许多国家都十分重视平时的动员准备，动员准备的着眼点和所实行的方针政策虽不尽一致，但其基本做法大体相同。

（1）建立健全完善的动员体制。根据该国情况，普遍建立健全动员机构和法规、制度，明确动员的权限和职责，完善动员机制，提高动员能力，以便战时能迅速把战争潜力转化为战争实力。

（2）制定动员计划。依据国家的战略计划和综合国力，制定周密的动员计划，主要内容包括动员的任务、程序、时限、范围和要求，工业布局及搬迁计划，以及完成动员所采取的重要经济目标防护、制定抢修预案等措施。

（3）实行常备军和后备力量相结合的制度。在减少国家常备军数量，提高质量的同时，大力加强后备力量建设，健全预备役制度，储备大量训练有素的后备兵员，重点是储备专业技术兵员。有些国家还组建预备役部队，并不断改善其武器装备和加强军事训练，以提高战斗力。

（4）提高国民经济动员能力。按照军民结合、平战结合的原则合理布局生产力，提高经济战时生存能力；民用工业和军事工业相结合，储备扩大战时军工生产能力；储备一定数量的武器装备和战略物资，保证战争初期军队作战和军工生产的需要；加强交通运输网路和通信保障系统的建设，保证战时人员、物资运输和不间断作战指挥的需要。

（5）发展先进的军事科学技术。建立平战结合的科技动员基础，加强科研设施建设，培养和造就一支精干的军事科研队伍，开发研制新式武器装备；储备具有国防科研能力的人才、设备、工艺和开展技术研究，平时为经济建设服务，战时为战争服务。

（6）开展资源调查。对人力、工业、农业、科技等各种资源以及一切可以动员的战争潜力，进行深入调查；对工程机械、通信器材、医疗设备、修理工具，以及飞机、车船和机场、港口、码头等进行登记统计，以便为平时制定动员计划提供依据，为战时实施动员奠定基础。

（7）施行民众防护建设。制定和完善民众防护法规和各种民众动员计划，包括人口、物资疏散；加强防空设施建设，储备必要的物资和防空器材；对民众施行防护技能的教育，进行必要的演习和训练。

（8）开展国防教育。通过不断教育，提高全民的国防观念，激发爱国热情，使之积极支持和参加国防建设；教育广大青年依法应征服兵役，平时参加民兵、预备役训练，战时踊跃参军参战，支援前线。

（二）动员实施

动员实施是依据国家发布的动员令和动员计划组织实施。动员的实施过程，实质上是将战争潜力转化为战争实力的过程。能否有效而持续地实施动员，不仅取决于一国的领土、人口、资源和工农业生产、科学技术的发展水平等条件，还取决于组织动员的能力和动员准备的程度，并且与国家的社会制度和战争的性质、民族精神和文化传统等相关。不同时期各国的军事、政治、经济等情况不同，动员的规模、范围和方式也有差异，但实施动员的基本方法大体相同。通常的做法如下。

（1）国家依法发布动员令，宣布进入战时状态，视情实行战时管制，建立健全战时领导指挥机构，实施各项动员计划，落实各项动员措施。

（2）运用广播、电视、网络、报刊宣传工具，对全体军民进行爱国主义教育，激发爱国热情，动员民众参军参战，努力生产，厉行节约，为夺取战争胜利贡献力量，并争取友好国家的同情和支持。

（3）按战时编制将现役部队补充满员，预备役部队转为现役部队；征召预备役士兵和军官，组建扩建新的部队；加强民兵、预备役人员的临战训练，以保证补充扩大军队。

（4）将国民经济各部门迅速转入战时轨道，重新分配人力、物力、财力，统筹安排军需民用；调整经济建设布局，重要工厂、企业和战略物资防护；改变产业、产品结构，实施工业转产，扩大军工生产，保障战争需要。

（5）将交通运输部门迅速转入战时体制，利用交通运输线、设施和运输工具，保障军队兵员和武器装备、作战物资的运输，并完成居民疏散、工厂搬迁，以及其他人员、物资的前送后运任务。

（6）根据战争需要组织科研部门、科研人员利用科研设施和科研成果开拓新的军事科研领域，加速研制新式武器装备。

（7）按照计划疏散危险区居民，健全警报系统，加强安全防护措施；组织人民防空专业队伍进行抢修、抢险，保护重要目标和交通运输线；配合军队防空作战，消除空袭后果。

四、国防动员相关法律

目前，国防动员领域相关的法律法规主要有以下几部，分别是：

《中华人民共和国国防法》《中华人民共和国国防动员法》《中华人民共和国国防教育法》《中华人民共和国人民防空法》《中华人民共和国国防交通法》《中华人民共和国兵役法》《中华人民共和国预备役人员法》和《中华人民共和国军事设施保护法》等。相关法律内容如表 1-2 所列。

表 1-2　国防动员领域主要法律相关内容

名称	颁布时间	颁布主体	相关内容
《中华人民共和国国防法》	1997 年	全国人民代表大会	① 国防动员是中华人民共和国的主权、统一、领土完整、安全和发展利益遭受威胁时，国家依照宪法和法律规定实施的，包括全国总动员和局部动员。 ② 国家将国防动员准备纳入国家总体发展规划和计划，完善国防动员体制，增强国防动员潜力，提高国防动员能力。 ③ 国家建立规模适度、储存安全、调用方便、定期更换、保障战时需要的战略物资储备制度。 ④ 国家国防动员领导机构、中央国家机关、中央军事委员会机关是实施主体，一切国家机关和武装力量、各政党和各人民团体、企业事业组织、社会组织、其他组织和公民，都必须依照法律规定完成国防动员准备工作；在国家发布动员令后，必须完成规定的国防动员任务。 ⑤ 国家根据国防动员需要，可以依法征收、征用组织和个人的设备设施、交通工具、场所和其他财产并给予公平、合理补偿
《中华人民共和国国防动员法》	2010 年	全国人大常委会	① 明确了国防动员全民参与的总原则。 ② 规范了国防动员的组织领导机构及其职权。 ③ 国家实行国防动员计划、国防动员实施预案和国防动员潜力统计调查制度。 ④ 与国防密切相关的建设项目和重要产品要具备国防功能。 ⑤ 预备役人员的储备与征召、战略物资储备与调用、军品科研、生产和维修保障制度。 ⑥ 战争灾害的预防与救助、国防勤务、民用资源征用与补偿、宣传教育及法律责任等国防动员各环节的法律要求

名称	颁布时间	颁布主体	相关内容
《中华人民共和国国防教育法》	2001 年	全国人大常委会	① 规范了公民在接受国防教育中的权利和义务，国家各级政府、人民团体、军事机关和部队在实行国防教育中的职责和任务。 ② 规范了学校开展国防教育的形式、内容、要求和组织领导。 ③ 规范了国家机关、国家机关工作人员、企业事业单位、军事单位、城乡居民委员会、农村村民委员会以及文化、新闻、出版、广播、电影、电视等单位，还有烈士陵园、革命遗址、具有国防教育功能的博物馆、纪念馆、科技馆、文化馆、青少年宫等场所开展国防教育方式、内容、要求和组织领导。 ④ 明确了开展国防教育所需经费的来源和筹措方式，国防教育基地的开设条件和保障措施，国防教育大纲、教材、教员和训练场地的解决渠道和办法。 ⑤ 明确了国防教育中违反规定的各种行为的法律责任
《中华人民共和国人民防空法》	1997 年	全国人大常委会	① 明确了人民防空的主要责任主体包括政府及各级部门、相关组织、公民等，及各主体的职责。 ② 规范了警报、疏散、人民防空工程、群众防空组织及宣传教育等人民防空措施的实施要求，以及相关法律责任等
《中华人民共和国国防交通法》	2016 年	全国人大常委会	① 明确了国防交通管理体制机制。按照军队需求、交通战备部门搞协调、政府抓落实的原则，构建国防交通的基本管理体制，明确军队、政府和企事业单位在国防交通活动中的地位和职责，以及公民在国防交通中的权利义务。 ② 系统规范了国防交通规划、交通工程设施、民用运载工具、国防运输、国防交通保障、国防交通物资储备六个方面的内容。 ③ 明确了国防交通活动的主要保障条件，由中央和地方人民政府分别负责国防交通经费保障，规定交通企业事业单位在本级财务预算中列支国防交通日常工作的事业经费，国防交通建设纳入国民经济和社会发展规划以及行业、部门规划，军事需求纳入交通设施设备的技术标准和规范。 ④ 明确了国家对参与国防交通建设给予政策支持，加强边防、海防地区交通基础设施建设，扶持边防、海防地区运输服务业发展

名称	颁布时间	颁布主体	相关内容
《中华人民共和国兵役法》	1984 年	全国人民代表大会	① 明确了兵役制度的总体原则。中华人民共和国实行以志愿兵役为主体的志愿兵役与义务兵役相结合的兵役制度。 ② 明确了公民的兵役义务。所有中华人民共和国公民，不分民族、种族、职业、家庭出身、宗教信仰和教育程度，都有义务依照本法的规定服兵役。有严重生理缺陷或者严重残疾不适合服兵役的公民免服兵役，而依照法律被剥夺政治权利的公民则不得服兵役。 ③ 规定我国兵役分为现役和预备役。在中国人民解放军现役服军服役的称军人；预编到现役部队或者编入预备役部队服预备役的，称预备役人员。 ④ 明确了军人和预备役人员的权利和义务。 ⑤ 明确了兵役工作的组织与管理体制和兵役登记与征集程序。 ⑥ 明确了军人待遇与抚恤优待。军人和预备役人员在服役期间享有相应的工资、福利、医疗保障等待遇。退役军人享有相应的安置政策，包括就业援助、医疗保障等
《中华人民共和国预备役人员法》	2022 年	全国人大常委会	① 明确了预备役人员的分类。预备役人员包括预备役军官和预备役士兵，后者又分为预备役军士和预备役兵。预备役人员是国家武装力量的成员，战时作为现役部队兵员的重要补充来源。 ② 明确了预备役人员的职责和权益。预备役人员必须服从命令、严守纪律，参加政治教育和军事训练，担负战备勤务，执行非战争军事行动任务，随时准备应召参战，保卫祖国。国家依法保障预备役人员的地位和权益，他们享有与其履行职责相应的荣誉和待遇。 ③ 明确了预备役人员的组织和管理。中央军事委员会领导预备役人员工作，其政治工作部门负责组织指导预备役人员管理工作，国防动员部门负责组织预备役人员编组、动员征集等有关工作。中央国家机关、县级以上地方人民政府和同级军事机关按照职责分工做好预备役人员有关工作

续表

名称	颁布时间	颁布主体	相关内容
《中华人民共和国预备役人员法》	2022年	全国人大常委会	④ 明确了预备役人员的教育和训练。预备役人员须参加政治教育和军事训练。 ⑤ 明确了预备役人员的征召和退出的时机程序、职责任务、缓召和转服现役的规定，以及服预备役年龄年限和退出方式。 ⑥ 明确了待遇保障：包括津贴补贴、医疗保险、救济援助和抚恤优待等
《中华人民共和国军事设施保护法》	1990年	全国人大常委会	① 明确了军事设施范围。包括为直接用于军事目的的建筑、场地和设备，包括指挥机关、军用机场港口、营区训练场、军用洞库仓库、军用信息基础设施、军用公路铁路、输电线路、输油输水输气管道、边防海防管控设施等。 ② 明确了军事设施保护的管理主体。国务院和中央军事委员会管理全国的军事设施保护工作，地方各级人民政府会同有关军事机关管理本行政区域内的军事设施保护工作。 ③ 明确了组织和公民都有保护军事设施的义务。禁止任何组织或个人破坏、危害军事设施，并对破坏、危害军事设施的行为设置了检举、控告的权利

除了上述基本法律以外，各级地方政府还根据基本法律制定了相关法律的实施办法，更好地细化落实基本法的要求，如《天津市实施<中华人民共和国国防动员法>办法》《湖南省实施<中华人民共和国国防教育法>办法》等。这些地方性法律法规也构成了我国国防动员法律体系的重要内容。

010

五、国防动员管理体制

根据我国《国防动员法》，当国家的主权、统一、领土完整和安全遭受威胁时，全国人民代表大会常务委员会依照宪法和有关法律的规定，决定全国总动员或者局部动员。国家主席根据全国人民代表大会常务委员会的决定，发布动员令。平时由国务院、中央军事委员会共同领导全国的国防动员工作，制定国防动员工作的方针、政策和法规，向全国人民代表大会常务委员会提出实施全国总动员或者局部动员的议案，根据全国人民代表大会常务委员会的决定和国家主席发布的动员令，组织国防动员的实施。地方人民政府应当贯彻和执行国防动员工作的方针、政策和法律、法规；国家决定实施国防动员后，应当根据上级下达的国防动员任务，组织本行政区域国防动员的实施。县级以上地方人民政府依照法律规定的权限管理本行政区域的国防动员工作。县级以上人民政府有关部门和军队有关部门在各自的职责范围内，负责有关的国防动员工作。

根据《国防动员法》，军队和地方也开展了国防动员体制机制改革。2016年1月，中国共产党中央军事委员会设立国防动员部，直接领导管理省军区，履行组织指导国防动员和后备力量建设职能。各省军区作为同级地方党委的军事部，兼同级政府的兵役机关，是"军事领域动员"的实施者和"民事领域动员"的协调者，进一步强化了动员职能。2022年国家启动了新一轮国防动员体制改革，各地设立了国防动员办公室，将国防动员综合协调、建设管理等职能从省军区系统调整到同级地方人民政府，各地方政府以省（市）人民防空办公室为基础组建国防动员办公室。作为政府组成部门，国防动员办公室承担同级国防动员委员会综合办公室的职能。

第二节　战争毁伤危害

一、生命财产受损

战争意味着人员的生命、财产危害。中国历史上每一次人口锐减几乎都源于战乱。明朝初年（1393年）官方记载的全国在籍人口6054万，到明朝末年的1626年，人口统计约为5630万，其间中国人口曾达到一亿以上。进入热兵器时代，随着枪、炮、坦克、飞机、导弹、核武器等投入作战，人员伤亡的数量大幅上升。第二次世界大战爆发后，1941年6月，苏德战争刚开始，德国就出动其空军的三分之二力量，每天以2500～3000架次的飞机，对苏联的后方城市、机场、道路和工业设施狂轰滥炸。造成苏联的 1710 个城镇、31850 个工业企业和 65000km 铁路遭到严重破坏，40%油库和 30%的广播电视台受到破坏，经济损失总共达 2000 亿美元。第二次世界大战期间，全国军民死亡约为 2650 万人。中国抗日战争期间，军民伤亡 3500 万人以上，其中约有 900 万平民直接死于战火，800 万平民因战争因素死亡，9500 万人流离失所。按照 1937 年币值计算，抗日战争期间中国直接经济损失达 1000 多亿美元,间接经济损失达 5000 多亿美元，包括日本对我国资源和财富的掠夺，例如，日寇从东北掠夺煤炭多达 2.23 亿吨、生铁 1100 万吨、钢材 580 万吨。在东南地区，日军将民间所有设备、钱财尽数掠走。战争期间中国的工业化进程被打断，数以万计的工厂被毁（图 1-2）。

图 1-2　1940 年 6 月 28 日 28 架日军飞机轰炸重庆

二战期间，德国对英国本土轰炸造成超 6 万人死亡，23.6 万人受伤。直接经济损失约 13.5 亿英镑。大量历史文化建筑被毁。1944 年以后，同盟国对德国进行了大规模战略空袭，共出动飞机 512 万架次，投弹 420 万吨，其中投到城市和地面交通线上的占 76%，军事目标占 24%。德国 61 个 10 万人口以上的城市全部遭到了轰炸，毁坏房屋 360 万所，占整个住宅的 20%；炸死 30 万人，炸伤 78 万人，占这些城市总人口的 34%；另有 750 万人无家可归。

第二次世界大战后，拥有核武器并防止自己遭受核武器袭击已经成为主要国家间军力国力较量的主要内容。同时科学技术的发展又成为促进军事高技术发展和战争样式演进的重要推动力。20 世纪末与 21 世纪初的海湾战争、科索沃战争、阿富汗战争、伊拉克战争等几场局部战争，空袭兵器的信息化程度越来越高，打击目标越来越精准、空袭带来的附带毁伤越来越小，空袭已经完全改变了以往的无差别轰炸，进入到对目标精准地外科手术式定位打击的时代。北约对科索沃的空袭导致 12 条铁路被毁，50 架桥梁被炸，20 所医院被毁。这一打击样式意味着以常规炸弹和核弹为主的饱和空袭可以用常规武器精确化空袭来达到同样目标毁伤效果。

近年来，地缘政治加剧，各国间、地区间的矛盾和冲突愈演愈烈。俄乌冲突、巴以冲突下难民的生活日趋艰难，其他国家也经历着因战争带来的全球性的政治、经济问题。我国作为一个发展中国家，自新中国成立以来国土周边的安全威胁从未消失。中国在台湾、南海、东海、西藏、新疆等地区都存在着领土主权和安全利益的挑战，也面临着来自美国、日本、印度、俄罗斯等国家的军事压力和威胁。尽管当前战争形态发生了深刻的变化，但任何形态的战争都将对民众产生深刻的影响，现代作战的多样化危害依然威胁着民众的安全。

二、生态环境受损

战争常常对生态资源环境带来极大的损害。现代高技术武器破坏性大、高能弹药有化学毒性，甚至是放射性，对环境影响更大。土壤、水源、空气质量、生物资源和生态系统的常常遭到战争的破坏，长期效应会波及到战后，甚至威胁下一代人的生存。1945 年 8 月 6 日，美国在日本的广岛上空投下了一颗原子弹，热核武器这种大规模杀伤性武器在战争中首次亮相。两天后另一枚原子弹空投到长崎。这两枚原子弹的爆炸改写了人类战争史，民众遭受大规模的爆炸冲击波毁伤、燃烧、放射性沾染等直接危害，同时高放射性带来了水、空气、土壤长期环境污染，环境污染对动、植物及居民都造成一定程度的致病、致畸和遗传效应，贻害子孙后代。

在 1990 年 8 月爆发的海湾战争中，美英联军的空袭造成大约

600 万桶原油流失，而伊拉克焚毁科威特油井也造成每天约 500 万桶原油燃烧。这些原油有很大部分流入海中，先后形成两片共约 1200km² 的油膜，造成世界最大的海洋石油污染。由于原油污染海面，约 100 万只水鸟丧失了沿岸滩涂上的栖息地，鸟儿的羽毛沾满了油污（图 1-3），它们无法飞行与觅食，约 30000 只海鸟死亡，52 种鸟类灭绝。1999 年，北约对南斯拉夫的战争破坏了 20 多座石化设施。其中对潘切沃地区石化设施的空袭使大量的化工原料及产品外泄，造成了邻近几十千米地区严重的空气、水域污染。据统计，当时大气中氯乙烯的含量是环境允许含量的 10600 倍，二氧化碳和含氯、硫化合物的含量是允许含量的 4～8 倍。

图 1-3　羽毛沾满油污的鸟儿

乌克兰南部海岸的黑海生物圈保护区是候鸟的天堂。在冬季，大约超过 12 万只鸟儿在这里的海岸上空翱翔，五颜六色的珍稀物种——比如白尾鹰、红胸秋沙鸭和黑翅长脚鹬——在保护区的水域和湿地上筑巢。该保护区也是濒临灭绝的沙地盲鼹鼠、黑海瓶鼻海豚、无数软体动物、数十种鱼类的家园。但是 2022 年俄乌冲突爆发后，这里的军事活动引发了大火，这一鸟类繁殖栖息地遭到破坏。乌克兰是生态过渡区，有大片的湿地、森林和原始草原。然而战争的爆发破坏了原有的生态资源系统。动物栖息地被破坏、野生动物死亡。人类战争行为对生态环境的破坏后果将相互叠加、长期存在，最终将作用于人类自身。

三、社会秩序混乱

战争的爆发导致原有的社会生活秩序被打破，在这种情况下，原有的社会保障体系无法保障民众的基本生活。资源和商品的稀缺导致生活成本上升，人们的购买力大幅下降，进而引发了经济萎缩和社会动荡。1999年科索沃战争导致科索沃成千上万的人因为冲突和暴力而逃离家园。战争结束后，科索沃约40%的人口生活在贫困线以下，17%的人生活在极端贫困中。联合国儿基会2021年年度报告称，科索沃仍然是欧洲最贫困的地区之一，有23%的人口生活在贫困之中。根据联合国开发计划署2023年的报告，科索沃的贫困人口增加了16%，同时经济增长也出现了创纪录的下滑。25年后的今天，科索沃的政治、经济、文化等方面依然矛盾重重，当年被迫离开的人们难以回到故土，当地的年轻人也正在面对着生活无依、政治和宗教两极分化带来的动荡和恐惧。

2003年美国以反恐和打击伊拉克拥有大规模杀伤性武器为借口，发动了对伊拉克的战争。美军入侵伊拉克后，伊拉克陷入了动荡和无政府状态，治安恶化、犯罪率上升，恐怖组织和极端组织不断制造威胁和恐惧。伊拉克战争后，伊拉克的经济遭受了严重的打击。许多普通伊拉克人失去了工作和收入来源，陷入了贫困和生计困境。战后受到西方文化的影响，在两种思潮下摇摆的伊拉克教育系统受到巨大冲击。此外，战争带来的动乱让大批人才和资金外流。

俄乌冲突爆发以来，有超过一千万乌克兰人为躲避战火离开家乡。逃难的乌克兰人以战争避难者的身份到达西欧，但是西欧国家也难以负担越来越多的难民，难民们在西欧国家也很难找到工作维持生计，又不得不返回因战乱而导致缺水、断电、生活资源匮乏的乌克兰。基辅市场也上出现了商品短缺或者涨价。尤其是食品、燃料、药品等必需品，价格飙升。据统计，在2023年3月至4月份，基辅的物价上涨了20%。由于战争造成了经济衰退和社会动荡，基辅的许多企业和机构都被迫关闭或者减少运营，导致很多人失去了工作或者收入减少。失业问题、物价问题让很多人生活艰难。根据联合国人道主义事务协调办公室的报告，基辅市区和周边地区有近200万人面临着食物、水、医疗、住房和教育等方面的紧缺和困难。基辅居民还避免在夜间或者能见度低的时候外出，以免成为无人机或者狙击手的目标。

四、心理健康受损

战争带来的生活变化常常是急剧的和突然的，这种不可预测性会使一般民众面临巨大的心理冲击，特别是信息化战争中出现的信息战、心理战等新型作战方式对民众的心理会造成综合影响，这些影响和冲击将会长期影响人们的心理健康。根据2019年发表的一项研究报告，超过40%的在美国重新定居的成年叙利亚难民感到高度焦虑，近一半患有抑郁症。在对密歇根州的叙利亚和伊拉克难民的研究中，有高达70%的难民儿童在抵达美国后经历了分离焦虑。俄乌冲突爆发之初，原本平静的乌克兰多个城市出现此起彼伏的爆炸声，这突如其来的袭击使得乌克兰民众生活节奏被打乱，工作机会减少、物价上涨、生活物资短缺等诸多问题暴露出来，民众面对亲人朋友的伤亡感到悲伤痛苦，对自己和家人的前途感到担忧害怕，对国家的命运感到心痛和无奈。这种心理创伤不仅难以愈合，还将对他们的生活带来长久的影响（图1-4）。巴以冲突持续多年，一方面，以色列民众时刻担心自己和家人失去生命，一旦与家人失联便会加重恐惧与担忧；另一方面，每一次冲突的爆发都会加深愤怒和仇恨，尤其是对加沙地带的巴勒斯坦民众，长期处于封锁和监控之下，生活条件异常艰苦，战争的爆发更使他们生活雪上加霜，深感绝望与无助。

战争爆发前，民众通常会表现为焦虑不安、担心、沮丧、恐惧等，甚至会出现四肢颤抖、心跳加速等症状，严重焦虑的人往往无法专心思考，有的人寝食难安，有的人会拒绝执行行动命令甚至放弃生命。

当战争爆发后，面对战争导致的极度恐怖和暴力的场景，民众会出现紧张、恐慌等心理应激反应。随着战争的持续，心理应激强度增大，人们易出现群体的无望、无助、沮丧的情绪蔓延。这种情绪在一个群体中容易传播、感染其他人，引起集体惊慌失措，会产生集体性的逃避、采取非理性方式进行群体防护等行为，甚至会出现发呆、茫然、不知所措等行为，还有的会表现为出大喊大叫、不停奔跑等行为。

图 1-4　战争破坏带来的心理创伤

当战争持续一段时间后，由于人们长时间处于高压和紧张的环境中，容易产生战场心理疲劳，表现为疲软、无力、四肢沉重、不愿说话、不愿行动、浑身不舒服却又无法找出具体的位置、视力模糊、思维迟钝，对生活失去兴趣，情绪反应消极。战争中的恐怖和暴力事件还可能导致人与人之间互不信任，更容易产生负面情感，如恐惧、仇恨和猜疑。这些情感可能导致社交孤立，使得人们与他人保持距离，不再相信和依赖他人。

当战争结束后，面对被战火破坏的城市废墟、亲人的伤亡、生活的无助，民众易出现悲观、失望、惋惜及负罪心理，甚至会出现将愤怒迁移到救援者或者其他人身上的行为。人们难以接受现状却又无能为力，青少年往往会出现不相信亲人离开的心理状态，会出现紧张、担心、恐惧等心理，行为上会变得特别乖顺或者特别叛逆。

经历了战争的人们容易患创伤后的应激障碍（PTSD），容易出现噩梦、强烈的恐惧、情绪紊乱、忧郁和自闭等症状。他们很难入睡，睡着了又会在梦中反复再现创伤场景。容易受到惊吓，做事无法专心，还经常感觉心慌、气短。平时不愿意与人交谈，更不愿提及与创伤场景有关的事件。这些症状可能持续很长时间，甚至在战争结束后仍长期存在。俄国国防部副部长齐维列娃说，俄乌冲突以来，每五名从乌克兰回来的军人中就有一名被诊断为创伤后应激障碍。战争所带来的心理压力对战争经历者的心理健康有长期影响。很多人在战争结束很久后仍然无法摆脱战争阴影。不仅仅是直接经历战争的人们有心理创伤，不断发生的局部冲突和战争，也正在给社会带来不确定性和恐惧，这也给非战争区域的人们的心理带来持续的健康影响。

第三节　民众防护的要求

一、保护自身安全

（一）民众是自身安全的第一责任人

民众是国防动员的主体力量，民众的安全是国家安全的重要内容。国家安全以人民安全为宗旨。尽管人民安全的责任主体有各级政府、组织、法人及公民自身，但只有民众才能在危及自身安全时在第一时间保护自己，也就是说，民众自己是自身安全的第一责任人。战争灾害或者其他灾害发生时，72 小时内黄金救援能够最大程度提高存活率。虽然国家和政府的专业应急救援力量能够提供最专业的救助，但是在灾害刚刚发生后，往往会因为道路阻断、资源短缺、信息不畅、救援力量有限而不能保证专业救援力量在第一时间出现在受灾现场，更不能保证每一名需要救助的人员都能获得专业救援。所以，在黄金 72 小时之内，能在第一时间抢救生命、提供救援帮助的只能是自己和身处现场的邻里、同伴。

（二）民众自救互救是必备能力

自救指的是在危险环境中依靠自身力量使自己脱离险境的行为，是战争或灾害发生后最紧急、最重要的任务，其主要任务有：保持心理稳定；快速实施外伤救治，包括止血和骨折的固定包扎；

事先准备应急避难物资；识别避难所等。学习相关知识技能是实施自救的前提。互救则是在危险环境中，在保证自身安全的前提下，人们相互帮助共同脱离危险的行为。互救的主要任务包括信息传递、协作搬运伤员、废墟中人员搜救、灭火以及环境卫生管理等需要多人协同配合才能完成的应急任务。

自救互救能力是确保我们能够履行社会责任，成为地区救援力量一部分的基本要求。能确保民众在危急时刻保护好自己和家人，还能帮助周围的人，在减少伤害和损失的同时，提升群体应对灾害的能力，增强合作意识、培养责任感和同理心，提升民众从容面对战争或灾害后果的自信心。

二、参加社区行动

民众积极参加社区的应急组织能够有效提升社区第一时间的救援效果。民众的个体行为只有通过组织转化成集体行为才能使个体获得最大程度的保护。在 2020 年新冠疫情暴发后的三年时间里，社区的疫情防控组织大多数是由本社区的居民参加的。在社区的号召下，居民根据自身情况参加到不同的行动小组中，有序地组织社区防控工作。例如许多小区的疫情防控组织有宣传组、医疗组、物资配送组、保障组等。其中宣传组主要在社区进行宣传教育工作，向居民普及防疫知识，协助政府进行出入管理，如测温、登记等。同时也负责协助组织核酸检测，帮助解决居民日常生活中的各种问题。医疗组主要由有医疗相关专业的背景的居民组成。他们协助医护人员开展疫情防控工作，如协助进行病例调查、数据收集与分析、提供心理疏导支持等。物资配送组主要协助政府和社区完成急需物资的配送工作，保证防疫物资的及时供应。保障组有司机志愿者，为需要转运的病人和物资提供运输服务；热线电话志愿者，为公众提供咨询和求助热线服务；环境保护志愿者，协助进行公共设施消毒、环境卫生维护等工作。由居民组成的灾情应对组织实现了居民的自我管理，不仅减轻了政府的应急救援负担，更确保了民众及时获得有效帮助，最大程度保护了生命财产安全。

三、履行国防动员义务

国防是国家安全防务，自觉履行国防勤务是民众义不容辞的责任。我国的国防动员法律体系中对公民的国防动员责任做出了规定，知道并积极履行自己的法律义务，是法治国家公民的基本素养。

我国国防动员基本法律体系中对公民国防动员责任的规定如表 1-3 所列。

表 1-3　国防动员相关法律中的公民义务和权利条款

序号	法律名称	义务条款	权利条款
1	《中华人民共和国宪法》	第五十二条　中华人民共和国公民有维护国家统一和全国各民族团结的义务。 第五十四条　中华人民共和国公民有维护祖国的安全、荣誉和利益的义务，不得有危害祖国的安全、荣誉和利益的行为。 第五十五条　保卫祖国、抵抗侵略是中华人民共和国每一个公民的神圣职责。 依照法律服兵役和参加民兵组织是中华人民共和国公民的光荣义务	
2	《中华人民共和国国防法》	第五十三条　依照法律服兵役和参加民兵组织是中华人民共和国公民的光荣义务。 第五十五条　公民应当接受国防教育。 公民和组织应当保护国防设施，不得破坏、危害国防设施。 公民和组织应当遵守保密规定，不得泄露国防方面的国家秘密，不得非法持有国防方面的秘密文件、资料和其他秘密物品。 第五十六条　公民和组织应当支持国防建设，为武装力量的军事训练、战备勤务、防卫作战、非战争军事行动等活动提供便利条件或者其他协助。 第五十八条　民兵、预备役人员和其他公民依法参加军事训练，担负战备勤务、防卫作战、非战争军事行动等任务时，应当履行自己的职责和义务	第五十七条　公民和组织有对国防建设提出建议的权利，有对危害国防利益的行为进行制止或者检举的权利。 第五十八条　国家和社会保障其享有相应的待遇，按照有关规定对其实行抚恤优待。 公民和组织因国防建设和军事活动在经济上受到直接损失的，可以依照国家有关规定获得补偿

序号	法律名称	义务条款	权利条款
3	《中华人民共和国国防动员法》	第五条　公民和组织在和平时期应当依法完成国防动员准备工作；国家决定实施国防动员后，应当完成规定的国防动员任务。 第四十七条　遭受战争灾害的人员和组织应当及时采取自救、互救措施，减少战争灾害造成的损失。 第四十八条　国家决定实施国防动员后，县级以上人民政府根据国防动员实施的需要，可以动员符合本法规定条件的公民和组织担负国防勤务。 本法所称国防勤务，是指支援保障军队作战、承担预防与救助战争灾害以及协助维护社会秩序的任务。 第四十九条　十八周岁至六十周岁的男性公民和十八周岁至五十五周岁的女性公民，应当担负国防勤务。 第五十条　被确定担负国防勤务的人员，应当服从指挥、履行职责、遵守纪律、保守秘密。 第五十五条　任何组织和个人都有接受依法征用民用资源的义务	第五十三条　担负国防勤务的人员在执行勤务期间，继续享有原工作单位的工资、津贴和其他福利待遇；没有工作单位的，由当地县级人民政府参照民兵执行战备勤务的补贴标准给予补贴；因执行国防勤务伤亡的，由当地县级人民政府依照《军人抚恤优待条例》等有关规定给予抚恤优待
4	《中华人民共和国国防教育法》	第五条　中华人民共和国公民都有接受国防教育的权利和义务	
5	《中华人民共和国人民防空法》	第八条　一切组织和个人都得到人民防空保护的权利，都必须依法履行人民防空的义务。 第二十七条　任何组织或者个人不得进行影响人民防空工程使用或者降低人民防空工程防护能力的作业，不得向人民防空工程内排入废水、废气和倾倒废弃物，不得在人民防空工程内生产、储存爆炸、剧毒、易燃、放射性和腐蚀性物品。 此外，还有参加人民防空教育的义务等	一切组织和个人都得到人民防空保护的权利

021

序号	法律名称	义务条款	权利条款
6	《中华人民共和国国防交通法》	第五条 公民和组织应当依法履行国防交通义务。 第九条 任何组织和个人对在国防交通工作中知悉的国家秘密和商业秘密负有保密义务	对在国防交通工作中做出突出贡献的组织和个人，按照国家有关规定给予表彰和奖励
7	《中华人民共和国兵役法》	第二条 保卫祖国、抵抗侵略是中华人民共和国每一个公民的神圣职责。。 第五条 中华人民共和国公民，不分民族、种族、职业、家庭出身、宗教信仰和教育程度，都有义务依照本法的规定服兵役	

　　根据我国法律的规定，公民履行国防动员义务主要集中于支援保障军队作战、承担预防与救助战争灾害以及协助维护社会秩序等方面。支援保障军队作战主要是公民通过服兵役的方式，为军队提供必要的支持和保障，从而增强国家的军事能力和战斗力。承担预防与救助战争灾害主要是在战争或紧急情况下，公民应参与预防和救助工作，减少灾害损失，保护人民生命财产安全。协助维护社会秩序主要是公民通过服从管理的方式协助维持社会秩序，保障稳定。

　　履行国防动员法律义务对公民具有强制性和平等性，即每个公民都有责任和义务履行相关义务，而且这种义务是由国家强制力保证实施的，不履行国防动员相关义务的行为将受到法律的制裁。国防动员归根结底是人的动员，人是最强大的战争潜力。公民的国防动员义务内容由法律规定，体现了公民国防动员义务对国防建设的重要性。了解了自身的国防动员责任，平时参加组织的各种训练活动并形成能力，就能够在战争时成为国家国防力量的重要组成部分。

第二章
民众的防护准备

第一节　参加人民防空教育

一、人民防空教育内涵

人民防空教育是国家面向全体民众培养其具备防范和减轻空袭危害后果能力的活动，属于国防教育范畴。人民防空教育有着较强的针对性，其实施背景、教育对象、教育内容等方面有特殊的要求。

（一）在国防教育基础之上进行

国防教育的内容是基础性内容，需要全体公民参与，通过国防教育使国民普遍具备基本的国防知识和技能，熟悉基本军事理论，形成国防意识，懂得自身的国防义务。在此基础上接受人民防空教育，就能进一步形成在战时或者灾后第一时间实施自救互救、防范和减轻空袭危害后果的能力。所以，人民防空教育是民众应对空袭危害后果的专项教育。

（二）教育对象以在校生和在职人员为主

根据《中华人民共和国人民防空法》的规定，在校学生的人民防空教育，由各级教育主管部门和人民防空主管部门组织实施。国家机关、社会团体、企业事业组织人员的人民防空教育，由所在单

位组织实施；其他人员的人民防空教育，由城乡基层人民政府组织
实施。在校生和各单位的在职人员是人民防空教育的主要教育对
象，这是因为学生是人民防空的后备力量，在学校接受人民防空教
育，其成年后就能够成为人民防空力量。在职人员年富力强，是社
会的中坚力量，更是人民防空的主力，其接受人民防空教育并形成
防护能力，能够最大程度上减轻政府的救灾负担，增加基层救援
力量。

（三）教育内容为非军事性防护方法

人民防空是民众实施的防范和减轻空袭危害的行动，是应对战
争破坏的防御性行动，人民防空教育的内容主要包括核生化武器危
害的应对、人员疏散掩蔽、战后灭火、环境消杀、防疫、灾后安全
生存等非军事斗争性内容（图 2-1）。

图 2-1 民众学习使用手摇警报器

二、人民防空教育作用

（一）提高人民防空整体防护能力

人民防空教育是国防动员的基础性、根本性的措施，也是最活
跃、最有生命力、最能体现平战结合的措施。通过教育训练，人们
明确了自身的人民防空义务、懂得了人民防空任务，掌握自救互救
的技能等，并能够通过不断地学习训练其防护能力得到持续的提高，
所有的城市防护资源才有可能被正确运用，所有防护措施才有可

能发挥作用。

（二）提高全民心理安全防护能力

通过教育训练，使得公众能根据自身的风险情况，在基层结成一定的动员行动组织，了解自己的动员行动领导者，通过一定形式的训练，认识自己的行动伙伴，知道相关的信息传播渠道，在基层建立相互信任、守望相助的邻里关系。而这种人与人之间基于共同的风险和安全需求的关系，是抵御战争危害的最重要的心理基础。特别是现代战争后果都是多种危害叠加且危害的不确定性增大，保持群体的心理稳定，是快速组织行动起来，完成人防勤务的前提。

（三）提高灾后第一时间救援有效性

在战争灾害发生的第一时间如果有救援力量，就可以极大提升
救援效果，挽救更多的生命和财产。国家救援力量在战时自身应急任务繁重，不可能实现全面覆盖所有需要救助的人员和地区，所以第一时间的救援力量就来自受灾地区的民众。人民防空教育就是针对灾害现场的人们正确行动、快速反应的重要对策，是让民众成为具备保护自己和他人能力的，能够第一时间发挥作用的救援力量，成为灾害的第一时间、第一现场的第一响应者。同样，对于空袭风险危害不断变化，新的危害因素难以预测的灾难性事件，第一时间基层的响应能力更是减轻损失、提高生存概率、提升生活质量、保持可持续发展能力的关键。

三、人民防空教育目标与内容

人民防空教育的最终目标是提高民众的防护能力，完成人民防空任务。民众在战时的防灾减灾任务多样，应当在普及性的国防教育基础上，按照任务分类、对象分层、内容分阶段的原则有针对性地开展人民防空教育。人民防空教育的具体内容由所在地区人民防空主管部门根据当地危险区和相对安全区的判定、实际风险情况、人员勤务需要等确定。人民防空教育内容建议如表2-1所列。

表 2-1　人民防空教育内容建议一览表

教育对象	知识	技能
负责人	国家安全形势、国际军事动态、风险源遭袭后果分析、行动组织管理、应急资源管理、预案编制、支援保障军队作战的具体任务，具体的灾害风险情况	执行预案、组织管理、灾情信息分析、统筹决策，组织演练防护任务分解，组织履行既定的人防勤务，执行临时下达的人防勤务
骨干	具体灾害的后果应对方法、承担预防与救助战争灾害以及协助维护社会秩序的任务、区域战时防护任务、组织指挥、风险源辨识	信息获取与传递、会用简单留言、要点记录等文书形式传递灾情报告、应急设施设备使用、组织与引导、心理危机干预等协助管理秩序、组织引导自救互救、人员组织管理、组织人员履行人防勤务
其他人员	危险源识别、危害后果判断、明确警报信号、识别安全区域、识别避难所位置等	服从战时管理、信息收集和传送、报警电话的使用、灭火、外伤急救、心肺复苏、紧急避险、安全饮食、灾后生存等

　　所有的教育内容都应当在经常性的演练中反复学习，演练是检验能力形成与否的最直接的方法。以重要目标空袭为背景进行社区人员疏散掩蔽、消防灭火、行动引导、避难场所管理等演练，不仅能将教育内容转化为行动习惯，更能增进社区人员之间的熟悉度，保证战时能够快速展开、协同配合实施消除空袭后果的行动，有利于灾害时快速有效响应。

第二节　认识人民防空警报

一、警报与警报器

　　警报是使民众快速获得某种危及其生命、健康信息的载体。人民防空警报传递的是有关空袭的信息。从传统意义上来看，是敌空袭可能发生、即将发生的信息，当然在空袭发生后，经一定的情况判断也会发出空袭威胁暂时不会发生的信号。所以按照人防术语，人民防空警报定义为报知敌空袭的预警信息。按照警报发放时机分为预先警报、空袭警报和解除警报。人民防空警报一般是通过警报器传递。人民防空警报器有多种类型，根据警报器的工作原理，警报器有电声警报器（图2-2）、电动警报器（图2-3）、手摇警报器（图2-4）等。电声警报器和电动警报器安装在户外高处。手摇警报器一般在社区有配备，无须额外的电力保障，可以在需要的时候灵活传递警报信息。此外，通过手机预警也逐渐成为各类灾害预警的有效方式。

图2-2　电声警报器

图2-3　电动警报器

图2-4　手摇警报器

二、人民防空音响警报信号

我国人民防空对人民防空音响警报做出了规定，共有三种：预先警报、空袭警报和解除警报。每种警报信号代表了不同的含义和行动要求，具体情况如表2-2所列。

表2-2　人民防空声响警报含义及行动要求

音响警报类型	含义	音响规定	行动要求
预先警报	发现空袭迹象时发出的警报	鸣响36s，停止24s，反复三次，共3min	通常有约10min的时间采取防护行动或实行紧急疏散。在家的人员应立即关闭煤气、熄灭炉火、切断电源、携带准备好的应急用品，成年人要照顾老人和未成年人，按照准备，迅速有序地进入指定的防空设施

音响警报类型	含义	音响规定	行动要求
空袭警报	发现敌将要进行空袭的明显征候时发出的警报	鸣响 6s，停止 6s，反复 3min	立即采取防护动作就地避险，人防工程内的人员要迅速关闭防护密闭门。 在街上：车辆应迅速靠路边停下，行人要就近进入地下室、地铁车站或钢筋混凝土建筑底层等处隐蔽，不要在高压电线、危险房屋和油库等易燃易爆危险处停留。 在公共场所：一切人员都听从指挥，有序利用地形、地物分散隐蔽，不要慌张、拥挤、乱跑。 在室内：可在钢筋混凝土建筑的底层、走廊或底层楼梯下，或在跨度较小的独用卫生间、灶间等处藏身。也可暂躲在坚实的家具下或墙角处，切忌站在窗口或露天阳台上。 在空旷地：就近选择低洼地、路沟边、土堆旁或大树下疏散隐蔽，当发现炸弹就在附近落地或爆炸时，应迅速就地卧倒
解除警报	报知空袭危险已经消失的警报	一声长鸣，持续鸣响 3min	暂时解除防护状态。人员可根据情况出工程。实施抢救人员，灭火，堵漏，抢险等行动，准备再次遭袭的应急物资

　　飞机临空投弹式的空袭曾是以往空袭的主要形式，尽管飞机速度快，但是可通过雷达探测甚至对空执勤的人员观察，有可能发现敌机临空的迹象。但在海湾战争以后，精确制导武器的大量使用，已经使得空袭产生了巨大的变化，人民防空由防飞机投弹为主，转变成防精确制导炸弹为主，导弹特别是防空区外来袭的各类高技术、信息化武器，留给空军探测的时间越来越短，也意味着发出人民防空预警的时间越来越短。因此，未来的人民防空可能就没有预警时间，如果没有人防警报，则第一枚导弹落地的时间就应当成人防空袭警报时间。

《中华人民共和国人民防空法》规定了人民防空的通信警报设施平时应为抢险救灾服务。有的省、市将人民防空警报用于灾害应急的预警，如洪水、滑坡、森林火灾，以及地震次生灾害的预警，在灾害区域的人员疏散方面得到了一定的应用。为此，也规定了特定的灾害预警音响信号。

三、人民防空通信警报体系

通信是指将信息从一地传递到另一地的过程。人民防空通信警报体系是为保障迅速准确地传递和发放防空袭警报信号，指挥防空袭斗争而建立的指挥通信和警报通信系统，是各级政府实施人民防空指挥的基本手段。《中华人民共和国人民防空法》规定，国家保障人民防空通信、警报的畅通，以迅速准确地传递、发放防空警报信号，有效组织、指挥人民防空和抢险救灾活动。

人民防空通信警报按照任务性质可分为指挥通信、警报通信、空情报知通信、协同通信等；按照手段分为有线电通信、无线电通信、运动通信、简易通信等。人防指挥通信是根据人民防空指挥关系建立的用以保障组织指挥防空袭斗争的通信。警报通信是为民众快速传递防空警报信号的通信。空情报知网是向作战部队、人民防空部门通报空中情报的通信网络，发放空情的任务一般由空、海军雷达部队担负。

人民防空通信警报体系的基本作用是引起民众对空袭威胁的警觉，因此只有民众对人民防空警报信息产生了响应，既听（看）得到，又听（看）得懂，还能快速地做出正确的响应行动，人民防空警报才算是发挥了预警的作用。在大规模杀伤性武器袭击条件下，国外民防通过大量设置防空警报站、警报点来组成覆盖全国的警报通信网络。如英国在冷战时期，曾在全国设立了 250 个警报站、1000 多个警报点以及 7000 多个警报器。能给全英国提供 15～25min 的预警时间。保证 80% 的民众都能所收到警报信息。美国在冷战期间，曾在 8 个民防区设置了警报中心，各州市县有 1200 多个警报站、6000 多个分站，联通警报器网，还和 3000 多个电台、电视台联通。可以同时向全国发放核袭击预警信息。美国在冷战时期建设的防空通信警报系统在"9·11"事件后，经国土安全部成立这样的大规模的机构重组，其管理体制发生了变化，全国性的空袭警报已经纳入国土安全部统一管理，但当前仍在发挥着作用。如在朝鲜核试验时，由于朝鲜发射的弹道导弹擦过美国夏威夷州上空，触发了防空警报，在海滩度假的人们紧急进入防空地下室避难。尽管事后证明是一场虚惊，但也说明了防空警报系统的功能。民众是人民防空警报信息的终端接收群体，平时应当养成关注预警信息的习惯，熟悉不同预警信号所要求的行为内容，并能够立即采取相应的行动。经常性练习辨析警报信号，将依信息行动内化为应急行为习惯。

第三节　疏散与掩蔽

应急避难措施一般可分为非工程性措施和工程性措施。非工程性措施一般是指疏散、撤离。工程性措施主要包括政府建设各类应急避难场所，包括建设人民防空工程、各应急避难地域以及坚固的建筑物等。疏散一般结合周边的人民防空工程、各类紧急避难地域，如绿地、广场等实施。非工程措施和工程性措施往往结合使用达到

保护民众生命安全的目的。

一、疏散准备

疏散是人民防空的重要措施之一。根据现代汉语词典的解释，疏散是把密集的人员、物资、装备分散开的意思。在军事领域，疏散是指为减少人员伤亡和物资损失，将密集的人员、物资分散转移的行动。根据疏散实施的时机，一般可将疏散分为早期疏散、临战疏散和紧急疏散。早期疏散是预计可能发生战争时，将危险地域的民众和物资分散转移，周期长，涉及面广。临战疏散是战争征候已经明显，战争即将爆发时的疏散行动。紧急疏散是战争已经发生或者袭击信号已经发出的情况下民众为了自身的求生、安全，凭借已有知识和能力所采取的快速、就近躲避、分散到安全场所或地域的

防护行动。疏散行动的发起一般是听到警报信号或者接收到要求立即疏散的信息，其中紧急疏散留给民众的准备时间最短，所以要求民众在平时准备好应急物品，能够随时为疏散提供必要物资保障。紧急疏散往往是自主行动，行动的效果取决于平时教育训练的效果，是否形成了行为习惯，比如疏散前立即断水、断电、封闭食品、关闭窗户，用最短的时间到达指定的避难区域。当危险解除后，民众可以离开避难场所返回家中。

疏散的有效实施离不开平时的充分准备。准备工作主要包括以下几点。

一是建立民众应急行动组织。在行动组织中，可以设立总负责人、各楼宇、各楼层的行动小组长、引导员、医疗救护员等，在紧急情况下能够发挥第一时间组织民众安全疏散的作用。

二是制定疏散行动预案。明确组织管理职责、信息沟通与传递方式、疏散路线、疏散人数、疏散地域、物资保障以及突发情况的应对措施等内容。并定期根据预案组织演练。

三是建立保障机制。主要是弱势群体保障机制和社区生活安全保障机制。对于社区内的行动不便的人群要确定保障人员，确保战时能够协助他们顺利疏散。社区安全保障机制主要是明确战时社区内的水源、燃气、电源的安全管理机制以及家庭内水、电、燃气的安全管理要求，明确责任人；建立社区内应急物资的管理机制，明确责任人及职责，确保战时应急物资充足可用。

疏散已经成为现代战争中民众防护的重要措施。自 2022 年俄乌冲突爆发以来，乌克兰已经组织了多次的民众紧急疏散，如 2024 年 5 月 17 日乌克兰哈尔科夫州超过 9300 人疏散到安全地点；2024 年 8 月 7 日乌克兰苏梅州强制疏散约 6000 名平民。俄罗斯也多次组织了大规模的疏散。2024 年 8 月初，乌克兰突然攻击俄罗斯科尔斯克州，该州政府呼吁高风险区居民加紧撤离。撤离区域涉及六个边境地区和两个与核电站接壤的地区，累计疏散二十万人。他们被疏散到了临时住宿中心、租的房子或者亲戚家中。这次疏散以集中疏散为主，辅以部分自行疏散，军队、地方政府、公共组织、志愿者广泛参与。其中志愿者起到了很重要的作用，他们帮助政府进行登记、收集信息、发放物资、组织市民捐赠、各类援助等工作。

二、掩蔽准备

利用人民防空工程实施人员和重要物资器材的掩蔽是人民防空的重要措施。人防工程是指为保障战时人员与物资掩蔽、人民防空指挥、医疗救护而单独修建的地下防护建筑，以及结合地面建筑修建的战时可用于防空的地下室。人防工程对核武器、化学武器、生物武器的各种杀伤因素、对常规武器和空袭造成的各种次生灾害，如房屋倒塌、城市大火、毒害气体泄漏等，都有较好的防护作用。

人防工程按战时用途可以分为人员掩蔽工程、人防指挥工程、医疗救护工程、物资储备工程、专业队工程和疏散干道、电站、水站等区域配套工程。人员掩蔽工程主要是指各级党政军机关，以及团体、企事业单位、居民区的掩蔽工程及其附属配套工程，用于战时保障一般人员安全待蔽；人防指挥工程是指各级人防指挥所及其通信、电源、水源等配套工程的总称，用于战时保障指挥人员和重要能源的安全；医疗救护工程是在战时提供医疗救护的地下中心医院、地下急救医院、医疗救护点的工程；物资储备工程是用于储存战时各类物资的工程；专业队工程是指各级抢险抢修、救护、消防、防化、通信、运输、治安专业队工程及相应附属配套工程；其他配套工程是指生产车间、疏散机动干道、连接通道、区域性电站、供水站、核化监测站、音响警报站等。现在大多数新建的民用住宅楼地下空间都建有人民防空工程，用于战时给居民提供掩蔽的场所（图 2-5）。

表面上看，多数人防工程与普通民用地下室有相似之处：主体都埋在地下，平时都可用作商场、停车场、医疗、娱乐场所、生产车间等。但事实上，两者在防护等级、抗毁强度、掩蔽性能、保障生命等方面，有着根本的不同。普通地下室是为稳定地上建筑物或实现某种用途而建的，一般不具备防空袭冲击波或者核生化危害的功能。而人防工程是根据防护要求专门设计的。其区别如下。

图 2-5　城市小区人防工程出入口

（1）人防工程的顶板、侧墙、地板都比普通地下室更厚实、坚固，除承重外还有一定抗冲击波和常规炸弹爆轰波的能力。

（2）人防工程结构密闭，有滤毒通风设备（图 2-6），有防化学、生物战剂的设备和一定等级的防核生化危害的功能，而普通地下室没有。

图 2-6　人防工程内通风设施

（3）人防工程有专门设计和加固的安全出入口，在战前一般需要进行临战前转换设计，例如战时封堵墙、孔口、洞口、地下采光窗封堵、临战加固等。而普通地下室没有这样的安全出入口。

（4）人防工程具有特殊的防护等级，有较好的抗力要求，在地震中也有较好的防震能力，战时对普通地下室进行必要的加固、改造，在一定程度上可以提高其口部的抗力效能。

人防工程全埋于土中，具有天然的抗震能力，同时人防工程设计标准远高于普通地下室，在地震中通常保持完好，即使遇到破坏性地震仍基本完整。汶川大地震后的调查显示，都江堰、彭州的人防工程大都整体完好，有少数工程的出入口有裂痕或墙面塌落。

人防工程是战时保障人员和财产安全的工程，战时国家依法统一调配使用人防工程。不论什么时候，也不论什么单位和个人，都不得随意破坏人防工程的战备功能，否则将承担法律责任。全体民众都应当自觉保护人防工程，及时阻止影响甚至破坏人防工程防护功能的各种错误、违法行为，必要时可向人防部门报告。

城市新建民用建筑大多配有人防工程。同时政府还修建了一些公用的人防工程并有标识，平时多留意观察，战时选择离自己最近的、使用功能完好的工程进行躲避。

三、其他应急避难场所

其他应急避难场所主要是指除人防工程以外，既有宽阔的空间，又能方便集合人群的地方，如公园、绿地、学校、体育场、地面停车场等区域建设的避难场所。一般是按照城市防灾规划建设，在临灾时、灾时和灾后，用于人员紧急疏散和避难，具有一定生活服务功能的场所。应急避难场所一般配有供水、供电、厕所、应急休息区、交通标志、照明设备、广播、垃圾收集点等。不同的应急避难场所的用途不同，具体内容如表 2-3 所列。

表 2-3　常见应急避难场所情况表

类型	地点	优势	用途
场地型	公园	面积较大，有应急水源和厕所，可扎帐篷	用于突发事故的紧急避险，如火灾、地震等
	音乐广场	有应急水源，不可扎帐篷	
	绿地	有应急水源和应急厕所	
	公共体育场	无应急水源	
	学校操场	有水源和厕所，有应急医疗救助箱	

类型	地点	优势	用途
场所型	人防工程	防护功能完备，可容纳人数多	用于灾后较长时间避难生活居住
	救助站	有单独休息室和医护人员，可容纳人数少	
	学校教室	坚固，有厕所、饮用水和电	
	医院	坚固，医疗设施齐全，生活设施齐全，容纳人数有限	
	体育馆	坚固，空间大，有厕所和水源	

第四节　家庭应急准备

科学合理的避难准备计划不仅能够保证灾难发生时沉着应对，还能完善平时的家庭防灾准备工作，形成预防为主的防灾理念。平时按照避难准备计划实施各项防护措施，让每个家庭成员能够正确采取灾害应对措施，是在危难情况下获得最大生存率的有效办法。避难准备计划一般包括应急物资准备、应急信息获取、家庭安全隐患排查、应急行动预案制定等内容。

一、应急物资准备

做好家庭应急物资储备，可以有效地提升家庭抵御灾害风险的能力，提升自救和互救的能力，有效地预防和降低灾害损失。家庭应急物资的准备需要考虑功能性、重要性、可靠性、便携性以及经济实用等因素。家庭应急物资储备清单的基本内容包括急救药具、应急物品和工具等方面，主要考虑储备物资要能保障家庭成员在灾害发生时能进行及时有效的自救互救。表 2-4 是 2020 年国家应急管理部门公布的家庭应急物资储备建议清单，列出的家庭应急物资储备建议清单供参考使用。

表 2-4　家庭应急物资储备建议清单

序号	物品名称	备　注
1	饮用水	保障每人 3 天基本饮水需求，至少每人每天 3L 饮用水
2	方便食品	保障每人 3 天基本食物需求。方便食品体积小、热量高，如巧克力、肉类罐头、压缩饼干等
3	灭火器和灭火毯	灭火器是用于初起火灾的扑救。灭火毯可披覆在身上逃生或用于扑灭灶具着火等小型火源，起隔离热源及火焰作用。建议存放在灶具附近的明显位置
4	呼吸面罩	每人 1 个。消防过滤式自救呼吸器，用于火灾逃生使用。建议存放在房门等逃生必经处的明显位置
5	手电筒	防水防爆手电筒。定期充电或更换电池。建议存放在床头
6	多功能小刀	有刀锯、螺丝刀、钢钳等组合功能，质量过硬。建议存放在应急包内
7	收音机或备用手机	接收应急广播使用。定期充电或更换电池。建议存放在应急包内
8	救生哨子	建议选择无核产品，可吹出高频求救信号。建议存放在应急包内
9	外用药品	止血粉、止血贴、纱布绷带、棉球、碘伏棉棒等，用于处理伤口、消毒杀菌。建议存放在应急包内
10	消毒湿纸巾	用于个人卫生清洁。建议存放在应急包内
11	医用外科口罩	个人呼吸道防护。建议存放在应急包内

　　应急物资可以整理装入家庭应急包，应急包应该选择双肩背式，解放双手。需要注意的是要根据家庭实际情况及本地区面临的风险进行适当的调整、增减。所有的食品、药品要注意定期检查有效期，及时进行更换。灾害种类不同需要用到的应急物品不同，所以需要根据接收到的预警信息补充调整应急物品。

　　（1）应急食品调整。检查食品保质期，过期食品立即更换，食品应当以高能量食品为主。检查饮用水数量，保证家人三天的最低标准饮水量的水，成人每天所需的水量大约是 2500～3500ml，一岁以下的儿童每天需要的饮水量 700ml 左右，两三岁的儿童每天大约需要 800ml 左右，六七岁儿童大约需要 900ml 左右，十岁左右的大约每天需要 1000ml 饮水量，上述饮水标准包含从食物中获取的水分。

（2）应急药品调整。除了准备外伤骨折类急救药品，确保受到外伤骨折及出血的时候，可以及时固定骨折部位及止血包扎的卫生用品之外，还要根据实际情况容易导致的伤害选择调整对症的药品，如爆炸燃烧危害、环境污染危害等，同时还可能有天气高温或者低温，就需要准备烧伤类药品、腹泻类药品、治疗发热类的药品等。

（3）自救工具调整。战争灾害的后果往往是复杂的，自救工具也需要多种类别。如应对火灾就需要防火毯、防火面具等；环境污染就需要防护口罩；房倒屋塌时需要逃生绳、防磨手套、可刨、可挖的救生锹等。根据居住环境周边易遭打击目标情况，预判可能的危害后果，准备对应的工具。

（4）求救工具检查。检查口哨是否能吹响，手电筒是否有电，发光类的求救信号发出装置是否正常等。

（5）信息接收工具状态检查。包括收音机、电池等。

（6）检查家庭应急联络卡信息是否正确，应急联络人电话是否能接通。

（7）准备一定数量的现金。

此外，还要有计划有组织地准备应急避难场所的应急物资。一般而言必要的物资有食品、饮用水、急救药品、照明设备等。还可以根据需要准备计时设备、婴儿用品、孕妇用品、娱乐玩具、书籍等。平时居民应当熟悉自己的避难位置和周围环境，以利于战时心理稳定，保持良好秩序。

二、应急行动信息获取

应急行动信息往往是由政府通过各种信息传递手段进行发布，常用发布方式有音响、文字、符号、数字、语言等。政府信息发布的渠道有：

（1）广播、电视、政府网站、微博、微信公众号；

（2）通信网络、手机信息推送；

（3）固定式防空警报和移动防空警报系统；

（4）多媒体信息发布系统；

（5）无人机广播；

（6）小区广播；

（7）楼宇广播或对讲系统；

（8）报纸；

（9）民众常用微信群、朋友圈、电话；

（10）居民小区、群组间的电声喇叭、敲锣、敲钟等。

平时居民应通过灾害应急的活动，尽可能地关注灾害应急行动，保持方便地接收各类信息渠道的信息，保证手机电量充足，网络、收音机、电视等处于及时接收信息的状态，保持与自己的家人、朋友、领导、同事，邻居等的联系；保持与社区管理者和小区物业的联系，不传谣、不信谣，按照正规信息渠道的指令进行响应行动。

三、确定家庭应急联络方式

在突发事件发生后，人们在紧急疏散的过程中，特别容易和自己的家人走散，平时确定自己家庭成员的应急联络方式并熟记于心，是确保紧急情况下安全与家人会合的有效办法。家庭应急联络方式的确定主要有以下几种方法。

1. 家庭成员间联络

确定撤离路线。根据可能发生灾害的类型，确定相应的撤离路线。水灾类的要选择往高处逃生的撤离路线；化学污染类的要选择侧上风方向的撤离路线。明确撤离时家庭成员的分工，例如谁负责携带食品，谁负责携带应急包，谁负责关闭水电气等。根据撤离路线的路况选择合适的撤离交通工具。

确定家人会合地点。会合点应当选择在家外面的某个相对安全的位置，容易找到、离家近、家庭成员都熟悉、有明显的标志物等地点，如门口休闲场所的健身器材区域、某特殊的建筑物东侧的长椅、小区西侧第二棵大树下等。需要注意的是：一定要确保每个家庭成员都熟知这个安全会合点，对于老人和儿童，需要能独立准确说出会合点的名字，以便在与家人走散后能够寻求帮助到达会合点。

确定外地应急联络人。确定一个在外地的亲戚朋友作为家庭应急联络人，因为灾害很容易造成通信设施毁坏，家人无法在灾害地互相通信，所以选择一个外地的亲戚或朋友，家庭成员都要牢记这个人的联系电话。灾难发生后，家庭成员都可以想办法和这个指定联系人联系，知道彼此的处境及位置。

2．邻里间互帮小组联络

可以和邻居商议应对灾难的对策，了解自己和邻居的特殊技能，商议灾害发生时某家未成年人独自在家时的帮助办法，当灾难来临时大家可以互相帮助。

3．携带家庭应急联络卡

为了保证每个家庭成员不会忘记灾难时的重要事项，最好制作一张"家庭应急联络卡"，并随时携带。内容包括所有的家庭会合地点、家庭电话、家庭住址、外地应急联系人姓名和电话，最好多写几个电话，确保任何时间段都可以与联系人取得联系。

四、制定家庭应急预案

家庭应急预案是根据所在社区的应急预案，为应对突发灾难、事故和其他突发情况而制定的计划和方案。它与社区应急预案共同构成了本社区的应急预案体系。它既是家庭实施灾难应对行动的基本依据，也是家庭平时进行应急训练的依据。

家庭应急预案主要内容有：家庭隐患排查、人员分工、信息传递方法、紧急情况下会合地点等。

1．家庭隐患排查

主要分析社区常见事故情况，找出导致事故的主要原因，做针对性的准备。可以绘制一份家庭隐患排查表（表 2-5），及时检查并采取措施。

表 2-5 家庭隐患排查表（示例）

区域	隐患	处理措施	处理结果
厨房	燃气罐阀门漏气		
	燃气管道老化	请燃气公司来更换管道，检查管路气密情况	9.26 日更换完毕
	厨房电源插座老旧	物业更换	8.20 日物业更换完毕
	油烟机管道积油		
客厅	客厅电线老旧		
	大功率电器共用同一插座		
	窗户开关损坏		
	室内吸烟		
卧室	卧室电线老旧		
	电热毯插头长时间不拔		
	窗户开关锁死无法打开		
	室内吸烟		
卫生间	杀虫剂存量大		
	消毒剂存量大		
	空气清新剂未用完		
家庭储藏间	食用油贮存较多		
	消防灭火器过期		
	防火逃生面具数量与家人数量不匹配		
	应急包内食品过期		
	无饮用水储藏		

区域	隐患	处理措施	处理结果
逃生通道	入户门开关不灵活		
	逃生路线杂物堆放		
	楼道内逃生路线有杂物堆放		

根据家庭的隐患排查表，可以清晰查看出隐患及隐患处理状态，为家庭安全提供保障。

2．掌握常见突发情况的紧急处置措施

发生燃气泄漏时，应关闭气阀，立即打开窗户通风；家用电器起火后，应第一时间切断电源，再进行扑救；发生烧烫伤时，应尽快用流动的凉水冲洗等。发生外伤或骨折后应立即止血和固定等应急处理方法等。

3．确定人员任务分工

根据家庭成员实际能力，确定每个人在灾害发生的第一时间应当完成的任务：如谁负责关水电气；谁负责关闭门窗；谁负责背应急包；谁负责家中行动不便的人；谁负责拨打应急求救电话；谁负责通知不在家的家庭成员或者应急联络人等。

4．应急疏散路线规划

应急疏散路线应当准备两条，一条是主要逃生路线，一条是备用逃生路线，防止主要逃生路线被堵或被破坏后出现慌乱。如果住平房，每个房间应最好能有两条逃生路线，逃生路线出口可以包括房门和窗口，如果家住一层，房门被大火封堵，就可以选择跳窗逃生。

家庭应急预案应当经常性组织家庭成员演练，确保家庭中的每一个成员都非常熟悉家庭应急预案内容，在灾害发生后按照平时演练的要求做出本能的反应。特别要保证家中老人和幼儿独立在家能够按照预案要求行动，可将火警、医院急救、派出所电话号码贴在家中明显位置，教会老人和孩子正确报警。

041

第三章
民众的防护行动

第一节　紧急疏散的实施

　　紧急疏散是应对战争灾害的重要的防护行动。从现代战争的打击样式分析，战时安全区和危险区是相对的，有可能相互转化。前线与后方的界限越来越模糊，以重要目标为打击对象的打法，使得目标周围的民众安全风险大大增加。根据信息快速采取紧急疏散，使自己远离危险无疑是应急防护行动的重要一环。

一、组织体系运行

　　当战争危害发生后，基层民众防护行动的组织体系就立即运行，各岗位人员应立即就位履行职责。首先保证信息传递通畅，确保区域内的全部人员都能收到紧急疏散信号，并且能够按照信号要求实施疏散；其次，各工作组要按照职责分工，协同配合，组织民众疏散。

二、预案修订

　　紧急疏散一般是按照既定的疏散预案实施。但是在实施前还应当根据具体的危害情况对预案内容快速做出调整和修订。需要调整的内容主要有：

（1）战争发生后组织指挥体系的具体人员有无变动；

（2）根据战时临时性任务，组织管理者的职责是否需要调整；

（3）应急处置程序是否需要调整；

（4）根据当时的危害，处置措施是否需要调整等。

三、行动保障

疏散行动开始前，各项保障工作要就位。对于个人和家庭而言，要带好应急物资，关闭家中水电和燃气，保证老人和儿童的行动安全。对于社区管理者而言，要确保各引导员在关键位置引导民众的疏散和掩蔽，协助身体不便的民众疏散。管理公共应急资源，包括掩蔽空间人员行为管理、物资使用、物品管理及垃圾分类管理等。

四、行动实施

（一）紧急疏散的启动

民众在战时紧急疏散行动一般是由当地政府组织实施的，政府一般会因以下几种情况发布紧急疏散的信号：

（1）听到警报信号或者听到袭击的声音后；

（2）根据战争信息预判某区域可能即将遭袭时；

（3）虽然周边没有遭袭，但是观察到有次生灾害发生，如闻到空气中有异味、看到有带颜色云团飘过来时；

（4）某居住地的生活基本功能被毁且难以修复时等。

（二）紧急疏散的行动

紧急疏散的过程中应该遵循以下要点。

（1）按照平时训练的疏散路线疏散，或者根据逃生路线指示标志进行疏散（图3-1），特别是当位于不熟悉的环境中时，更要遵从引导者或者指示，避免盲目乱跑而延误到达安全地域的时间。

图 3-1　民众进行疏散演练

（2）如果在疏散过程中遇到人群拥挤，有踩踏风险时，应尽量靠墙壁行进，避免在人群中央行进，如果发生拥挤摔倒，应侧身蜷缩身体，保护头部和腹部，如果能移动到墙壁边或者坚固物体旁边，面朝墙壁或者坚固物体保护腹部就会更加安全。

（3）如果逃生过程中有浓烟，应用湿毛巾捂住口腔和鼻孔低姿行走，减少烟气伤害。用湿棉被、衣物裹在身上，如果身上着火，千万不要奔跑，可就地打滚或用厚重的衣物压住火苗将火扑灭。

（4）听从管理人员引导，切不可盲目疏散。要听从公共场所有关人员和广播引导，一旦脱离险境切记莫重返。到达人防工程口部或者其他紧急避难场所的入口时，要注意观察脚下情况，小心多级台阶和黑暗通道，听从引导或者根据指示路线行进，切记不要在入口处拥挤或者盲目快速进入，容易发生摔倒甚至引发踩踏。

（三）返回

当威胁消除并收到政府发放的安全信号后，可以离开应急避难场所返回家中。返回的过程中要服从引导，回到家中要根据危害情况对家中物品进行消毒处理。社区的管理者还应对避难场所进行环境管理，如垃圾清理、场所消毒、应急物资清点与补充等。

（四）需要注意的事项

1. 灵活选择疏散路线

在选择疏散路线时，一般是按照应急预案中既定的路线，但是也要根据实际情况灵活应对，比如疏散路线和避难场所正好位于污染源的下风方向，则不能按照既定路线行进，要选择侧上风方向疏散；如果是水库遭袭发生洪水而原定疏散路线和避难地位于低洼处，则改为向地势较高的地域疏散等。

2. 科学携带随身物品

紧急疏散时一般没有太多的准备时间，危险即将或者已经发生，保护生命就要和时间赛跑。此时不能贪恋物品，应携带好平时准备好的应急包，腾出双手照顾好孩子、老人和其他需要帮助的人。如果携带太多物品，不仅会影响自身的疏散速度，延误疏散时间，到达待蔽场所后还会挤占公共空间。

3. 行动服从指挥

疏散的命令是由政府发出的，要根据信息疏散，盲目行动只会增加不必要的风险。特别是不能随意返回家中，或者在家与疏散地之间多次往返。要在收到可以返回的信号后才能根据引导离开避难场所。行动过程中要按照平时训练中的小组划分集体行动，避免单独行动而失去集体的保护。

第二节　人防工程掩蔽

一、进入人防工程

进入人防工程一般是根据政府发布的信息或人民防空警报信号进行。当收到要求人员进入人防工程待蔽的信息后，就要关闭家中水源、电源和气源，携带应急物品，扶老携幼快速到达最近的人防工程。因人员所处位置不同，所以进入人防工程的要求不同。对于社区常住居民而言，人防工程一般位于小区内部或者周边较近区域。在平时生活中应当熟悉人防工程的位置和内部构造，当收到信息后，应当按照平时训练的指定路线到达。对于流动人员而言，当收到信息时，可能位于非常住小区、公共场所、道路等非日常熟悉的地方，此时要快速寻找附近人防工程，一般在高层居民住宅楼、写字楼、商场等建筑物的地下都会配建有人防工程。当到达人防工程口部时，不要盲目拥挤进入，要根据引导员的要求有序进入，特别要注意的是，入口处一般光线较暗，有的还有多级台阶，要靠右贴墙进入。如果进入工程的时候发生断电无照明的情况，需要分组进入工程，进入时小组第一名和最后一名人员手持照明设备，幼儿应由成人抱着，背双肩包，顺着右侧墙壁有序进入。

对于管理者而言，入口处的人员管理，防止拥挤，又得保证同一时间尽可能多地进入人员。应当明确各个引导员的站位和引导任务，可以边引导边就位。划出从各个居民居住点通往人民防空工程入口处的最佳路线、从工程口部通往各个待蔽区域的指定路线、局部待蔽区域满额后的人员引导，以及人员进入先后与待蔽区域远近的搭配使用等。

二、人防工程内待蔽

在密闭的工程内待蔽对民众而言是极端情况下的生活模式。这样的生活模式会产生一系列可能自身都无法预计到的心理和生理反应，导致个体出现极端行为的概率加大，进而会导致群体产生极端行为概率加大，影响待蔽安全。可以从以下几方面管理自己的行为：首先是以家庭为单位待蔽，可以开展阅读、听音乐、听广播、棋类及其他家庭成员平时喜欢的较为安静的活动（图 3-2）。定时做一些温和的肢体舒展活动。可以参加一些志愿服务，如人员登记、信息公告、个人需求登记、物资发放、环境设备监控、人员心理安抚、待蔽区域卫生管控、厕所和垃圾点的管理、人员行为安全监管等，可以缓解焦虑同时维护公共秩序。其次，禁止将有异味的物品和食品、易燃易爆物品、易腐坏的食品带入工程内，如果有必要带入，要主动交给管理人员集中管理。禁止在工程内进行剧烈活动、吸烟、大声喧哗并煽动紧张情绪、随意出入待蔽区域、随意触动工程内部设施设备等。要服从管理人员管理，如果出现心理焦虑或有相关问题时应及时寻求帮助。故意破坏待蔽秩序的人员会被相关法律法规追究法律责任。再次，对于家庭中有特殊需求的人员，包括有心理特殊需求的和身体特殊需求的人员，如残疾人、孕妇、婴幼儿及受伤人员等，要及时和管理人员沟通，争取及时得到必要的帮助。

图 3-2　民众在人防工程内安静待蔽

三、撤离

当接到撤离人防工程的通知后，人员心理也容易出现波动，容易出现出口人员拥挤、眩晕、身体不适等情况。撤离时不要慌乱，听从引导，一般在出口会有引导员和医务人员协助，民众自身应主动采取一些保护措施。撤离时带走垃圾，恢复工程内物品摆放，出口处有序行进。管理者应清点应急物资、收集人员遗留物品、清理厕所和垃圾、提出物资储备建议和需要修缮维护的地方等。如果外界空气条件和战时情况允许，应当对工程进行通风。

四、注意事项

（一）依信息行动

人员掩蔽行动应当遵循居民自治、信息引导、安全高效的原则。当战争发生或灾害发生时，居民的防护行动根据信息自主开展，在战时或灾时第一时间按照预案要求实施掩蔽。战时的安全防护需要第一时间实施，不能盲目等待。正确的做法是根据人民防空主管部门的信息第一时间实施防护行动，掩蔽行动是由信息引导的，所以平时的信息传递系统的建设、信息的收集与分析格外重要。

掩蔽行动的启动一般是由预先警报启动。听到预先警报后，社区掩蔽行动小组应立即指导居民实施紧急防护。信息组迅速传递行动信息，例如迅速通知家人及邻里，特别是正在地下工作和高噪声工地作业人员；家中居民立即拉断电源，关闭煤气，熄灭炉火，携带好个人防护器材和必需的生活用品，按定人、定位、定路线的要求，迅速有序地进入人防工程或指定掩蔽地域。引导员在各个引导位置上管理好掩蔽人员的行为，比如入口处不停留、防止拥挤和吵闹，提醒居民背背包，不夹包，不提包，抱着小孩行进，不牵着小孩走等。特别是遇到断电，还要引导居民腾出右手，靠右侧探摸，快速进入人防工程。

进入人防工程的居民应在指定位置坐卧休息，看管好自己的小孩和物品，不要随意走动。这时，掩蔽行动领导组要组织工作人员开展信息登记工作，核查进入工程的人数，人员健康状况信息，掩蔽过程中受伤人员信息，情绪不稳定人员信息、未进入工程人员信息、失散人员信息等，并将相关信息报告给掩蔽行动负责人和人防主管部门。

（二）应对突发情况

应当有应对突发情况的预案。比如，带入工程的易燃易爆物品要集中管理，并且有安全防护措施；对于非指定区域的排泄物要及时清理并采取消毒措施；腐烂食物要密封，并且集中存放，远离人群；对于情绪不稳定人员要有专人管控，并可以设置隔离间；突发疾病人员要及时采取急救措施等。这些突发事件的应对，一要靠平时做好预案，二要根据现场情况灵活处置，避免造成意外事故。

（三）做好撤离工作

当得到政府应急部门或相关部门的指令，可以撤离工程时，组织者要清点人数，确保所有人员离开工程，确保所有个人物品带出工程。打扫工程内的卫生，检查、收集、清点应急物资，并进行物资补充，检查工程内设施设备，工程内进行通风换气，确保下一次掩蔽实施。离开工程后的居民要积极参加自救、互救、搜救工作，协助国家应急力量救护社区被埋压和受伤人员，观察并扑灭余火，转移危险物品，处理污染物品等。组织者应及时总结经验，确保以后的掩蔽行动安全顺利。

第三节 核与辐射危害应对

当今世界，虽然绝大多数国家签署了《不扩散核武器条约》和《全面禁止核试验条约》，国际核军控活动取得重要进展，但应该清醒地认识到，军事大国仍然拥有庞大的核武器库，依靠核威慑和核讹诈的基本战略并未改变。同时随着核技术的广泛应用和核能事业的规模发展，核事故风险仍然存在，一些分裂势力、恐怖势力和极端势力制造核恐怖事件也不可能完全排除。因此，切不可认为核武器绝不会用于战争，核威胁与使用风险更是不容忽视。民众只有充分认清核辐射的危害作用，掌握必要的防护措施和方法，用知识武装头脑，才能在核危害来临时有效地科学应对，以减轻甚至避免核辐射伤害。

一、核辐射基础知识

（一）与核辐射相关的概念

1. 核辐射

核辐射，人们常称为放射线或放射性，存在于所有的物质之中，包括我们的身体和食物。核辐射其实是原子核从一种结构或一种能量状态转变为另一种结构或一种能量状态过程中所释放出来的微观粒子流，如 α（阿尔法）射线、β（贝塔）射线、γ（伽马）射线等。这些射线入射到物质后，可使物质引起电离，故专业上又称之为电离辐射。

2. 放射性核素

具有特定质量数、原子序数及核能态，且其平均寿命长到足以被观察到的一类原子统称为核素。某些核素自发地放射 α、β 粒子或

γ 射线或在轨道电子俘获后放出 X 射线，甚至有些核素会发生自发裂变，所有这样的核素都被称为放射性核素。

3. 半衰期

半衰期指的是一定量放射性核素的原子核数目减少到其最初数目的一半时所需要的时间。值得注意的是：经过一个半衰期衰减掉一半，再经过一个半衰期衰减掉一半中的一半，如此无穷衰减下去，并不是经过两个半衰期就衰减完了。半衰期是放射性核素的特征常数，不同的放射性核素有不同的半衰期。放射性核素的半衰期长短不一，短的可以小于 1s，长的则可达数百亿年。半衰期越长，说明衰减得越慢。半衰期不会随时间、温度、压力等外界条件变化而变化。

4. 吸收剂量和吸收剂量率

吸收剂量是指单位质量的物质吸收核辐射的能量，简称"剂量"，其专用单位为 Gy（戈瑞）。它可以用来描述人体受到核辐射照射的伤害程度。

吸收剂量率是指单位时间内被照射物质中的吸收剂量，简称"剂量率"，其专用单位为 Gy/h（戈瑞/小时）。它可以用来描述环境中核辐射的危害程度，剂量率越大，说明越危险。

（二）核辐射的来源

核辐射的来源包括天然辐射和人工辐射。

1. 天然辐射

天然辐射对人的照射是持续的和不可避免的，也是人类接受核辐射照射的主要来源。主要包括：①宇宙射线。即直接来自外层空间的高能带电粒子，如质子、α 粒子及其他重原子核；②宇生放射性核素。即宇宙射线与大气中的原子核相互作用产生的次级射线和电磁辐射，如光子、电子和中子等；③原生放射性核素。即地球存在以来存在于地壳中的放射性核素。天然辐射中对人类影响最大的是原生放射性核素，其中最主要的是氡及其子体。

2. 人工辐射

人工辐射是指与核相关的人为活动引起的对公众的照射，主要包括：①核武器生产、试验和使用；②核能生产；③核技术应用；

④核事故；⑤医学诊断和治疗。人们生活中接触的人工辐射主要是医疗照射。

（三）放射性射线的特点

放射性射线通常具有以下特点：

（1）看不见、摸不着、嗅不到，只能用专门仪器才能探测到；

（2）有大小不等的穿透能力，其中 γ 射线穿透能力最强，α 射线最弱；

（3）通过物质时能产生电离作用，其中 α 射线电离本领最强，γ 射线最弱；

（4）在人体内的电离会对人的健康产生影响，但一般不会立即得病；

（5）一次大剂量照射比多次小剂量照射造成的伤害严重；

051

（6）对放射性核素加温、加压或加磁场，都不能显著改变射线的发射。

（四）核辐射的照射途径及防护方法

核辐射对人体造成照射伤害的途径分为外照射和内照射。

1. 外照射

人体不直接接触某些放射性物质也会对人体造成伤害，或者皮肤沾染到某些放射性物质后，会造成皮肤灼伤。引起人员外照射伤害主要是 γ 射线，但引起皮肤灼伤的主要是 β 射线。

对外照射防护方法主要有：①尽可能缩短被照射时间（称为时间防护）；②尽可能远离放射源（称为距离防护）；③对辐射源屏蔽或人员自身屏蔽（称为屏蔽防护）。

2. 内照射

放射性物质经呼吸道、消化道、皮肤等进入体内后，沉积于不同的器官和组织中，会持续对人体造成伤害，直至被排出体外。引起人员内照射伤害的主要是 α 射线和 β 射线。另外，还必须清楚地认识到，大多数放射性核素都具有一定的化学毒性。

对内照射防护方法主要有：①缩短接触污染物的时间；②穿戴个人防护衣具及用品；③在污染场所内不得饮食和吸烟；④尽可能杜绝受伤的可能性；⑤若发生放射性污染，应立即清洗去污；⑥离开污染区时应进行沾染检查和沾染消除；⑦宜多饮食，增加排泄次数，以清除体内可能遭受的污染。

辐射作用于人体的途径如图 3-3 所示。

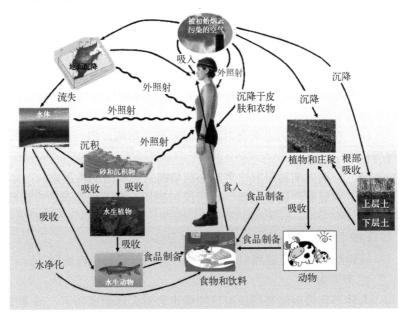

被初始烟云污染的空气

地面沉降

流失

外照射

外照射

吸入

外照射

沉降于皮肤和衣物

沉降

沉降

水体

外照射

沉积

砂和沉积物

植物和庄稼

根部吸收

上层土

下层土

吸收

吸收

食入

食品制备

吸收

水生植物

吸收

水净化

食品制备

食品制备

动物

水生动物

食物和饮料

图 3-3 辐射作用于人体的途径

（五）核辐射对人体损伤机制

核辐射照射人体后，射线可以直接损伤 DNA 分子链，这种损伤机制被称为直接作用；还可以作用于体内水分子（水约占成年人体重的 70%），进而生成自由基，而后，由自由基作用于 DNA 分子，从而使之受到损伤，这种损伤机制被称为间接作用。

核辐射通过上述两种损伤机制，可能导致人体细胞的间期性死亡、增殖性死亡或者细胞突变。自然环境下受照发生的基因自然突变，一般不会对人体造成伤害，有观点认为是物种进化的根本原因。但在大剂量照射下，会迅速引起人体内物质和能量代谢的障碍，很快显示出急性放射病的一系列症状，危害人体健康和寿命，甚至有可能影响下一代。

二、核辐射对公众的危害

日常生活中受到的核辐射照射一般不会影响人体的健康，但当人体受到超过 1Gy 以上的意外照射（如核事故、核恐怖事件、核武器袭击）时，就会出现类似重感冒的症状（但血样中白细胞数量减少），以及暂时性脱发等，需住院治疗，甚至危及生命。

核武器是利用核反应瞬间爆炸放出的巨大能量，产生大规模毁伤效应的武器的统称，如原子弹、氢弹、中子弹等。核武器是大规模毁伤性武器，1945 年美国在日本的广岛、长崎各投下一枚核弹，这是核武器迄今为止唯一一次用于战争。8 月 6 日 8 时 15 分，广岛遭原子弹袭击。造成 14.4 万人伤亡，约 67% 的建筑物被损坏或摧毁，城市破坏范围达 12km^2 以上（图 3-4）。核爆炸破坏严重，且范围很大，天空一片灰暗，整个广岛被笼罩在恐怖之中，但由于是空中爆炸，地面沾染不甚严重。

图 3-4 广岛遭核袭击后的惨景（摄于 1946 年 3 月）

核武器爆炸（以下简称"核爆炸"）一般有光辐射、冲击波、早期核辐射、核电磁脉冲和放射性沾染五种毁伤因素。前四种是在爆炸后几十秒钟内起作用的，统称为瞬时毁伤因素。放射性沾染在爆炸后一段时间内出现，持续作用时间约几天至十几天，甚至更长时间，故称为延时毁伤因素。此外，还将引起人们心理行为的变化以及由此引起社会效应。

（一）核爆炸瞬时毁伤因素对人员的危害

1. 光辐射

光辐射是核爆炸形成的高温高压火球辐射出来的光和热。光辐射以光速沿直线向四周传播，其作用时间大约在几秒到几十秒之间。

光辐射主要会造成人员烧伤。具体表现为：①灼伤人员的皮肤；②造成眼角膜和视网膜灼伤；③核闪光可引起闪光盲；④吸入炽热空气可导致呼吸道烧伤；⑤能使物体熔化、灼焦、炭化和燃烧，形成大面积火灾，造成人员间接杀伤。

2. 冲击波

冲击波是核爆炸瞬时形成的高温高压气流，是核武器的主要毁伤因素之一。它从核爆炸爆心以超声速向四周传播，作用时间只有几十秒钟。

冲击波主要会造成人员冲击伤。冲击波对人体的挤压和抽吸，可造成心、肺、肠、胃、耳膜等脏器的内伤；还会对人体产生直接抛掷和撞击，造成与交通事故类似的外伤。此外，冲击波破坏的倒塌建筑物或抛射物体，也能对人员造成间接杀伤。在城市，间接杀伤十分严重，约占伤员总数 80%。

3. 早期核辐射

早期核辐射是核爆炸特有的毁伤因素，是指在核爆炸最初的十几秒钟内辐射出来的 γ 射线和中子流。它从爆心接近光速沿直线向四周传播。

早期核辐射照射人体达到一定剂量时，人员就会得急性放射病；中子流照射到土壤、食盐、碱、食品和某些金属器具上，还会使其中的某些金属元素产生感生放射性，人员接触或食入后也会造成伤害。

4. 核电磁脉冲

核电磁脉冲是核爆炸瞬间产生的一种强电磁波。它与自然界雷电十分相似，其作用半径随爆炸高度的升高而增大。

实验证明，尚未发现核电磁脉冲对人、畜有杀伤作用。但它能使计算机信息丢失，使自动控制系统失灵，无线通信器材和家用电器受到干扰或损坏。

5. 瞬时毁伤效应的综合作用

核爆炸产生的几种瞬时毁伤效应，通常不会单独地作用于人体，而是几种毁伤效应几乎同时或略有先后地作用于人员。人员受到的杀伤常常是几种毁伤效应综合作用的结果，是复合型的，称为复合伤。复合伤的伤类伤情复杂，伤情会互相加重，病情发展较快，治疗困难，恢复较慢。例如，急性放射病复合烧伤或冲击伤的伤员，休克的发生率增加，放射病的症状加重，烧伤或创伤面易发生感染或出血而延迟愈合。

（二）核爆炸放射性沾染对人员的危害

放射性沾染是指核爆炸时产生的放射性物质对地面、水域、空气和各种物体的污染，是核爆炸特有的毁伤因素之一。

核爆炸的高大蘑菇状烟云中含有大量的放射性物质，在下风方向沉降后，会像沙尘暴一样造成大面积的地面、植被（农作物）放射性沾染。沉降到地面的放射性灰尘，称为落下灰。落下灰往往有很强的放射性，而这些放射性物质只能用扫除或冲洗等方法从地面或物体上除掉，用一般方法无法改变其放射性。

放射性沾染通过多种途径伤害人体，譬如：沾染区内人员会受到外照射伤害；污染的空气、食物和水进入人体可引起内照射伤害；放射性物质接触到人体的皮肤，可引起皮肤灼伤。尤其是地爆时对人员行动安全有严重影响，水、粮食等食物沾染后无法直接食用，还会污染环境，影响生物链的正常发展。

三、公众对核辐射的防护

日常生活中公众防护核辐射的最主要措施有：一是尽量远离核辐射场所或物品。这些场所或物品通常都会在显眼的地方或位置张贴有电离辐射标志（图 3-5）或电离辐射警告标志（图 3-6），当看到这些类似标志时应尽快离开。二是注意辨别放射源及其盛装容器。放射源一般被加工成圆柱形或球形，外观往往比较精致、整洁、光亮，一些强的放射源在黑暗时还有可能发光。盛装放射源的容器通常是由重金属元素（如铅）加工而成的（图 3-7）。当见到类似可疑物品不要擅自收藏，应向社区报告，情况紧急也可报警。三是有其他医疗手段替代的，尽量不做放射医疗项目，例如：能用磁共振检查的，就不做 CT 或 X 线检查。

图 3-5　电离辐射标志

图 3-6　电离辐射警告标志

图 3-7　铅罐外形

公众对核武器爆炸时的防护动作或措施主要有：

（一）人防工程防护

人防工程能在一定程度上防护核化生武器袭击的各种毁伤因素，适合各类人员掩蔽。只要不直接命中，人员在工程内是安全的。因此，对核袭击最好的防护方法就是根据信息提前进入人防工程。

（二）室内防护

室内人员预先应关闭水电和天然气的总开关，以预防水灾和火灾；锁好门窗，在玻璃窗上用透明胶条进行十字粘贴并拉上窗帘，以预防冲击伤或间接伤害；堵住各种孔口，密封好食品、饮水，以预防落下灰沉降污染。如果楼房有地下室，可提前进入地下室，这比待在家中防护效果会更好。

当发现核爆炸闪光后，应避开玻璃门窗和易燃易爆物，立即在桌下或床下跪趴，或者在墙的内拐角或墙根处卧倒，也可以在较小的房间或门框处躲避，以防止冲击波到达时引起间接伤害（图3-8）。

图 3-8　室内防护动作要领

核袭击后，如果房间的密闭性没有受损，应尽量待在室内，等待救援人员的救助，千万不要到处乱跑。反之，应包裹一些没有受到沾染的食物和水，尽快离开。离开时的防护措施和行进路线参见室外防护。

（三）室外防护

对来不及进入人防工程或其他掩蔽场所的室外人员发现核爆炸闪光后，应立即就近利用地形地物进行防护。利用土丘、矮墙、花坛等地物防护时，应横向爆心卧倒；利用沟、坑、渠等地形防护时，应立即跃入坑内，采用跪、坐或卧等姿势，双手掩耳，闭眼、闭口，暂停呼吸。防护时应避开高大建筑物、高压电网及易燃易爆物（图3-9）。对于开阔地域人员，其动作要领是：立即背向爆心卧倒，同时，闭嘴、闭眼、收腹，双手交叉垫于胸下，两肘前伸，脸部尽量夹于两臂之间，双腿伸直并拢，热浪到时暂停呼吸。

图3-9 室外防护动作要领

核袭击后，为防止放射性烟云沉降时随呼吸道进入人体内或降落到皮肤上，室外人员要及时找一些就便器材进行防护。如扎好领口、袖口、裤口；用口罩、湿毛巾等捂住口鼻；披上雨衣或塑料布；脖子上围上毛巾等。在救援人员组织指挥下，有序撤离。如果没有人组织指挥，应先观察风向和核爆炸烟云移动情况，综合权衡，尽量选择上风或侧风方向，以最快的速度及早撤出沾染地域或就近进入人防工程内掩蔽。在撤离过程中，应尽量减少与污染的地面、物体接触，避免扬起灰尘，尽量不喝水、不吸烟、不进食。撤出沾染区后要视情况进行沾染消除。

为减轻照射和沾染的伤害，还应提前服用预防药物（如碘化钾），有条件的可口服抗辐射药物（如硫辛酸二乙胺基乙酯、雌三醇和某些硫氢化合物等），但应在人防部门专业人员或医生的指导下进行，切勿乱服药物。

第四节　生物危害应对

生物战、生物恐怖和重大疫情等造成的生物危害能够导致大量民众感染和死亡，给社会造成巨大的经济损失和社会动荡。近年来，新型冠状病毒（SARS-Cov-2）、猴痘病毒、中东呼吸综合征病毒（MERS）、甲型 H1N1 流感病毒等引起的新发传染病频繁出现，2024年世界卫生组织再次发出"X 疾病"暴发的公开警告；高等级生物安全实验室烈性病原体泄露、生物恐怖、生物技术谬用等事件时有发生，构建全面高效的生物安全防护体系是人类进入 21 世纪面临的重大安全问题；生物武器是国际公认的大规模杀伤性武器，然而《禁止生物武器公约》国际核查机制尚未形成，生物战威胁日益严峻。民众了解生物危害知识、掌握生物危害应对方法和措施，是构建我国新型生物安全防护体系的重要组成部分，也是平时和战时保护有生力量、保证战斗力的必要前提和途径。

一、生物危害及其特点

生物危害物质包括高致病性微生物、用于战场的生物战剂等，了解其物理化学性质、致病方式、生长传播特点等，是实现对其有效防护的前提。

（一）生物危害

生物危害（Biological Hazard 或 Biohazard）是指生物物质对人类及环境产生的危害。生物危害物质包括动物、植物、微生物等生物个体或组织片段，生物毒素及其他生物活性物质。具有生物危害的物质采用国际通用图样标示，如图 3-10 所示。

图 3-10　生物危害标识

　　生物危害物质的危害程度可以进行分级，不同国家和国际组织有不同的分级分类标准，一般分为四个等级（表 3-1）。在我国《病原微生物实验室生物安全管理条例》中，将第一类、第二类病原微生物统称为高致病性病原微生物。

表 3-1　部分国家或国际组织/部门关于生物危害物质等级分类的标准

国家/组织名称	第一级/类	第二级/类	第三级/类	第四级/类
世界卫生组织（WHO），《实验室生物安全手册》（第四版）	无或极低个体和群体危害	个体危害中等，群体危害低	个体危害高，群体危害低	个体和群体危害均高
美国疾病控制预防中心（CDC/NIH），《微生物和医学实验室生物安全》	不会经常引发健康成年人疾病	人类病原菌，因皮肤伤口、吸入、黏膜暴露而发生危害	内源性或外源性病原，可通过气溶胶传播，能导致严重后果或生命危险	对生命有高度危险的内源或外源性病原；致命的、通过气溶胶可导致感染；或未知传播危险的有关病原
中华人民共和国，《实验室生物安全通用要求》（GB19489-2008）	低个体危害，低群体危害	中等个体危害，有限群体危害	高个体危害，低群体危害	高个体危害，高群体危害

国家/组织名称	第一级/类	第二级/类	第三级/类	第四级/类
中华人民共和国农业部，《兽医实验室生物安全管理规范》，2003	对个体和群体危害度低，已知不能对健康成年人及动物致病的微生物	对个体危害程度中度，对群体危害度较低，主要通过皮肤、黏膜、消化道传播。对人及动物有致病性，但不会造成严重危害，具有有效的治疗预防措施	对个体危害度高，对群体的危害度较高。能通过气溶胶传播、引起严重或致死性疫病，导致严重经济损失，或外来的动物致病微生物。对引发人感染的疾病具有有效预防和治疗措施	对个体和群体危害度高，通常引起严重疫病、暂无有效预防和治疗措施的动物致病微生物。通过气溶胶传播的，有高度传染性、致死性的动物致病微生物，或未知的危险的动物致病微生物
中华人民共和国，《病原微生物实验室生物安全管理条例》	能够引起人类或者动物非常严重疾病的微生物，以及我国尚未发现或者宣布消灭的微生物	能够引起人类或者动物严重疾病，比较容易直接或间接在人与人、动物与人、动物与动物之间传播的微生物	能够引起人类或者动物疾病，但一般情况下，对人、动物或环境不构成严重危害，传播风险有限，感染后很少引起严重疾病，并且具备有效治疗或预防措施的微生物	通常情况下不会引起人类或者动物疾病的微生物

在生物武器防护中，各种生物战剂或潜在生物战剂造成的生物危害不同，应按照其生物危害等级的不同，采取相应等级的防护措施和管理。

1. 生物战剂

生物战剂（Biological Agent）是用来制造生物武器的致病微生物、毒素和其他生物活性物质的统称。按生物学特性，分为细菌战剂、病毒战剂、立克次体战剂、衣原体战剂、真菌战剂和毒素战剂等。

根据危害效果和致病作用特性，生物战剂可以分成不同的类型。

（1）致死性和非致死性。

病死率是用于描述某特定疾病严重程度的量，是指一定时期内因患某种疾病死亡的人或动物数量占患病人或动物总数的比例。根据生物战剂感染人或动物后病死率的高低，可分为致死性生物战剂和失能性生物战剂。致死性生物战剂是指当人或动物感染后未经治疗时，预计死亡率大于 10% 的生物战剂，如黄热病毒、炭疽杆菌、肉毒毒素等；失能性生物战剂是指当人或动物感染后未经治疗时，预计死亡率小于 2% 的生物战剂，如贝氏柯克斯体、委内瑞拉马脑炎病毒、葡萄球菌肠毒素等。

（2）传染性和非传染性。

病原体克服机体防御机能，在宿主特定部位定植、生长、繁殖或（和）产生酶及毒素，从而引起机体产生一系列病理生理的过程称为感染。传染是由活的病原体大量繁殖引起的，并可从某一宿主个体直接或间接传播到另一些同种或异种宿主个体发病的过程。根据在使人或动物致病后生物战剂的传染性，可分为传染性生物战剂和非传染性生物战剂。传染性生物战剂产生疫情的传播速度快，一旦流行能够在较大范围内快速蔓延，如鼠疫耶尔森菌、天花病毒等；非传染性生物战剂，不会从感染者体内排出而传染给其他个体，如肉毒毒素等。

2. 潜在生物战剂

潜在生物战剂是具备生物战剂条件，尚未用于装配生物武器的致病微生物、毒素和其他生物活性物质。潜在生物剂在战争中未得到应用，但其致病性、传染性等可能会高于某些传统生物战剂。

根据这些特性，能够被列为潜在生物战剂的有很多，根据其产生的因素可以分为以下两种。

（1）自然环境存在的有害微生物。

2003 年出现的非典型性肺炎冠状病毒（SARS），传染性极强，危害很大；2005 年出现的高致病性 H5N1 禽流感病毒和 2009 年出现的甲型 H1N1 流感病毒，能够在动物和人之间跨种传播，造成人和动物感染和死亡；2015 年在西非再次爆发的埃博拉出血热；2019 年出现的新型冠状病毒（2019-nCoV）曾波及全球，至今仍在变异中流行。

（2）人工意外改造的新毒株。

部分从事致病微生物研究，特别是那些从事烈性传染病研究的专门机构，可以通过生物工程手段人工改造获得致病性强的新毒株。而一旦这些新毒株应用到战争中，就可能成为难以应对的新型生物战剂。在生物科技两用性（是指那些本旨在人类福祉，但通过轻易传播而可能沦为武器的知识与研究）的语境下，新兴的合成生物学技术、基因编辑技术等在推动科学技术和人类文明发展前进的同时，也可能成为促使生物武器不断进化的工具。

（二）生物战剂施放方式

生物武器是利用生物战剂的致病作用杀伤有生力量和毁伤动植物的武器。生物武器由生物战剂、施放装置和投射系统构成。随着武器系统不断发展，生物战剂施放装置从早期的带菌媒介物，发展到气溶胶发生器、炸弹、炮弹、火箭、航空布洒器等，施放后造成生物危害的距离和范围不断扩大。

生物战剂施放的方式主要有气溶胶和媒介生物两种形式。

1. 气溶胶

固态或液态粒子在气体介质中形成的分散体系称为气溶胶（Aerosol）。简单说，气溶胶就是悬浮在空气中的微粒物。这些微粒物可以是固态的，也可以是液态的，更多的则是固态和液态两者的混合物。气溶胶的粒径范围通常在 0.01～50μm 之间。生物战剂以气溶胶形式施放后，极易通过人畜呼吸系统进入机体而引起发病。这是气溶胶成为生物战剂主要施放方式的重要原因。部分致病微生物在感染人和动物后，可以通过受感染者产生带菌（病毒）气溶胶继续传播。一般来说，受感染者无论在说话、呼吸、咳嗽或者打喷嚏时，都会产生气溶胶，小颗粒气溶胶更容易进入呼吸道被吸入到肺部，导致肺部感染。而且病毒气溶胶粒子小，无法沉降，容易被气流携带，通过扩散和空气湍流分散进行长距离传播，甚至到达 4m。

2. 媒介生物

生物学上将专一地或机械地把致病微生物从一个机体传播给另一个机体的生物称为媒介生物。能感染或携带，并传播生物战剂的动物称为生物战剂媒介生物。它们主要为节肢动物，如传播黄热病的埃及伊蚊，传播森林脑炎的全沟蜱等。目前已知大约有2000种节肢动物能够传播使人致病的100种病原体。除此之外，媒介生物还包括能传播疾病的其他动物，如传播钩端螺旋体和鼠疫的鼠类，传播狂犬病的狗和蝙蝠等。候鸟在迁徙途中如在禽流感流行地区停留，会因接触当地发病禽类或被病毒污染的水源、土壤而感染，继而携带病毒污染所经地域环境和感染当地禽鸟，甚至传播给密切接触的人类。全球候鸟迁徙的3大通道（澳大利亚-东亚、中亚、西亚-东非）都与我国有着密切联系，以候鸟为媒介的传染病对我国威胁极大。

（三）生物战剂侵入人体的途径

致病微生物从传染源排出后，经过特定的传播方式，如空气传播、接触传播、饮食传播和虫媒传播等，在环境中存活一定的时间后，从呼吸道、消化道和皮肤伤口等途径侵入人体，产生疾病（图3-11）。致病微生物的侵入人体方式较多（表3-2），也增加了生物防护的难度。

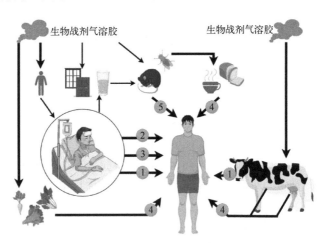

图 3-11　生物战剂侵入人体途径示意图

1—接触传染；2—污物传染；3—飞沫传染；4—食品传染；5—媒介传染。

表 3-2　致病微生物的主要感染途径

途径	方式	疾病举例
呼吸道感染	气溶胶，飞沫吸入方式	肺结核、白喉、百日咳
消化道感染	粪-口方式	伤寒、细菌性痢疾、食物中毒
皮肤（创伤性）感染	皮肤、黏膜创伤或破损	破伤风
皮肤（媒介昆虫叮咬）感染	昆虫吸血接触（直接或间接）	鼠疫、布鲁氏菌病
多途径感染	消化道、呼吸道、皮肤等	炭疽杆菌感染

1. 消化道途径

人或动物通过食入被致病微生物污染的水或食品，或接触污染致病微生物的物体后通过手导致误食而感染发病，流行病学称为粪-口途径。经消化道传播的致病微生物一般是抗酸和抗胆汁的，如伤寒沙门氏菌、霍乱弧菌等。使用仅通过消化道途径感染的致病微生物会造成局部的点状或线状伤害区域。袭击方可能利用特务投放致病微生物污染食物或水源，或由飞机投洒致病微生物污染水源。

2. 皮肤途径

使致病微生物通过皮肤侵入的方法有两种。一种是直接穿透皮肤进入人体，这类侵入方式是表面染有致病微生物的小弹丸、细针、弹片及各种特殊的注射器等，这样的皮肤侵袭只能造成个别人员的伤害。相对于常规武器而言，爆炸型生物弹装填的炸药量少、爆炸力弱，但其产生弹片所造成的伤口有利于生物战剂直接经皮肤处侵入机体。另一种是通过媒介昆虫的叮咬将战剂侵入人、畜体内的方法。此法是先使媒介昆虫感染或携带致病微生物，当人、畜被该昆虫叮咬后而感染。如普氏立克次体、黄热病毒、登革热病毒等。

3. 呼吸道途径

生物气溶胶在合适的气候条件下可悬浮较长时间，人、畜通过呼吸道途径感染，这是当代生物战中广泛使用的一种生物战剂施放方法。许多致病微生物通过飞沫或气溶胶方式在空气中传播，如新冠病毒、SAS 病毒、结核分枝杆菌、肺炎链球菌等，人和动物的鼻

065

腔、气管等黏膜细胞对其易感，产生的呼吸道传染病能够在人群中引起广泛流行。

（四）生物危害的特点

致病微生物具有繁殖、传染等特性，造成危害时有其独特的作用方式。生物危害的特点主要包括滞后性、隐蔽性、快速扩散性和未知性。

1. 滞后性

生物危害的产生是由于细菌、病毒等致病微生物等侵入人体后引起各种疾病，人体从感染到发病需要一定的间隔时间即潜伏期，造成危害具有滞后性。如埃博拉病毒的最长潜伏期达 21 天，布鲁氏菌潜伏期最长可达数月甚至数年。有些疾病的感染者即使在潜伏期也能引起传染，如流感、新冠肺炎等；而有些疾病会产生有传染能力的轻型或极轻型症状的感染者，如黄热病等。这些都给及时判断和提前实施有效防护带来较大困难。

2. 隐蔽性

从理论上说，生物气溶胶可随空气流动而进入一切不密闭的、没有空气过滤设备的工事、车辆、舰艇和建筑物的内部。与化学战剂具有明显的气味或颜色不同，大多数致病微生物、毒素等无论液体形式还是气溶胶形式，一般无色无味，难以发觉。成人通常每分钟吸入 10L 左右的空气，有的生物战剂呼吸道感染剂量非常低，即使每升空气中只含有几个生物战剂粒子，也只需要几分钟就会被感染。在未能及时防护或防护不当的情况下，人员暴露在生物危害环境中极易被感染。

3. 快速扩散性

生物武器将生物战剂分散成气溶胶状后，在适当气象条件下，可造成大面积污染。例如，一架飞机喷洒生物战剂时，污染面积可达数千平方千米。据报道，1950 年 9 月，美军在距海岸 3.5km 的某军舰甲板上喷洒非致病菌芽孢，连续施放 29min，航行 3.2km。经检测，4h 内，在海岸陆地上受试菌芽孢气溶胶的扩散面积可达 256km^2，扩散高度为 45m 左右。另外有报道，一艘行进中的船在离海岸 16km 处施放 2μm 直径的生物战剂"干粉"200kg，污染范围可达 11520km^2。

1969 年，联合国秘书长在一次报告中推算：在一个 5000m³ 的储水库中投放 0.5kg 沙门氏菌，如果均匀分布就可污染整个水库，成人若饮用此污染水 100ml 就可能严重发病。

化学战剂和核污染一般随着时间的延长，危害物质的量会慢慢降低，而生物危害物质会在扩散和感染人员或动物后繁殖生长，被感染者可能成为新的传染源，甚至产生新的自然疫源地。因此，随着生物疫情的扩散，如果不采取有效的生物防护措施，生物危害会呈现不减弱反而蔓延的趋势，尤其是呼吸道传染病，传播速度快，危害性更大。

4. 未知性

随着基因工程、细胞工程、克隆技术等的飞速发展，人们已经能"制造"出新的、更具致病性和能够逃避体内免疫清除机制的致病微生物。加之，致病微生物的不断变异，使得人们很难在短时间内确定某一新型病原体，精确的防护技术需要在大量的研究后才能建立。因此，当发生生物危害时，往往需要经过一段时间才能建立准确的病原体检测、预防疫苗和治疗药物等生物防护技术和措施。

二、生物危害的防护

在生物危害事件中，民众的应对措施主要包括：人员防护、配合政府防疫措施及进行医疗救治等。

（一）人员防护

人员防护主要是指利用适当的防护器材和装备实现人与污染环境的物理隔离。在有条件的情况下，人员可以提前注射疫苗、抗血清或预防药物，提高机体免疫力。

1. 物理防护

依据生物危害物质的传播途径、危害等级等选择合适的物理防护器材和装备保护呼吸道、黏膜、皮肤（表 3-3）。在有准备和时间允许的情况下，可采用可靠有效的专业口罩、面具（罩）、防护服等装备。对病原微生物和毒素能够起到有效防护的防护服有连体式防化服、专用生物防护服和正压式防护服等。

表 3-3　生物事件中人员防护要求

防护等级	防护器材（装备）	适用场合
一级防护	全面罩正压自给式呼吸器 连体式非透气封闭式防护服	事件中心区域
二级防护	全面罩正压自给式呼吸器 连体式防护服	事件周边区域
三级防护	全面罩正压自给式呼吸器 连体式或分体式防护服 防护手套、防护靴	事件外围区域

在紧急情况下，采用身边可得的简易用品进行防护，达到尽量避免吸入、食入或通过皮肤等感染的目的。如人员可利用生物防护口罩、眼罩、眼镜、面罩、面屏等做好呼吸道和眼部等防护。体表防护可以将衣物袖口和裤脚扎紧，上衣领口扣紧并用毛巾围好，上衣下边可塞入裤腰，用腰带扎紧；还可以在外面披雨衣等进行防护。

在新冠疫情的防控中，我国各级政府疾控部门根据疫情发展的实际情况，及时制定和印发了多个指导公众防护的指南。例如：2020年 2 月，国务院应对新型冠状病毒感染的肺炎疫情联防联控机制制定了《不同人群预防新型冠状病毒感染口罩选择与使用技术指引》；2023 年 4 月，国务院联防联控机制疫情防控组在新冠病毒感染实施"乙类乙管"的总体方案下，印发《新型冠状病毒感染防控方案（第十版）》《预防新型冠状病毒感染公众佩戴口罩指引（2023 年 4 月版）》。公众可以通过政府和社区等组织教育宣传，以及相关政府网站、公众号等正式媒体获取专业指导信息，学习和使用可靠、有效的个人防护方法。

2. 医学防护

医学防护是通过增强自身的免疫力和抵抗力，来对抗可能侵入体内的病原微生物和毒素，主要方式是注射疫苗、抗体或抗生素等。免疫防护过程中，人体注射疫苗后，免疫应答一至二周不等，甚至部分疫苗可能达几个月才能产生免疫保护。此外，有的疫苗在人体产生初次免疫应答时，产生的抗体浓度较小，需要进行再次甚至多次免疫，才能在体内产生足量的抗体，以有效应对侵入的致病微生物感染。

药物预防是生物防护工作中的重要的应急措施，常用的预防药物大多数为抗生素类药物；对于预防病毒感染，如埃博拉出血热病毒和高致病性流感病毒等，通常可采用单抗、瑞德西韦等药物，有较好的防护效果。

3. 民众集体防护

可以利用建筑物进行人员集体防护。如果建筑物装备有滤除空气中生物气溶胶的高效过滤通风系统和人员洗消设备，可以启动过滤通风系统并密闭门窗。受染的人员须应经洗消后才能进入建筑物。如果建筑物没有过滤通风系统，应尽可能密闭所有的门窗和进出口。

需在室外坚守岗位的人员可利用一般房舍、帐篷、车辆等进行临时防护，但需要对自己进行个人防护，并将出入口尽量封严，关闭门窗，用密封条或纺织物撕成条，堵塞门窗缝隙，以减少生物气溶胶的侵入。人员外出执行任务时，还可利用地形、地物进行防护。特别是有生物气溶胶存在时，人员应迅速转移到污染区的上风向。

（二）消毒灭菌

民众对生物危害所造成的污染要进行消毒和灭菌，减少疾病的传播。

1. 勤洗手

每次外出回到家、倒垃圾、接触动物粪便以及饭前便后要仔细地洗手，要使用流动水和消毒洗手液，不共用毛巾。

2. 贴身衣物消毒

可以通过煮沸 15min 等方式对贴身衣物消毒，或者购买紫外线消毒灯对衣物消毒，注意避免用紫外线灯照射到人。

3. 加强预防

勤开窗通风，保持室内空气流通；定期定时用含氯消毒液（如 84 消毒液等）对地面和墙面进行消毒擦拭；对高频接触的桌面、门把手、坐便器、手机等用消毒纸巾进行经常性消毒。

（三）紧急救治

遭受生物袭击或发生重大传染病等生物危害事件后，民众中一旦发现感染者，应立即就近采取隔离措施，严禁其他无关人员靠近。救助人员应立即采取个人防护措施，同时拨打急救电话寻求医疗救助，还应在第一时间向当地疫情管理部门报告相关信息。

（四）配合政府实施防疫措施

为了更好地掌握疫情发展趋势，确定有效防控，政府一般会采取封控、流行病学调查、采样、现场检验及污染区管控等。这些措施都会不同程度地限制民众的行动自由，同时需要民众的积极配合。

当对生物危害现场封控时，封控区内的民众暂时不能疏散，同时要接受隔离观察，直到达到病原体感染人体的最长潜伏期。如果无新的病例出现，可解除隔离。如果发现有新病例出现，要接受隔离、救治等措施。污染区解除封锁后民众才可自由行动。对于生物危害现场以外的群众，要远离警戒线划定的区域。

为了查明污染区生物危害产生的源头、弄清生物危害的传播链条，通常要对生物危害进行流行病学调查和病原溯源分析。被调查区域的民众应自觉配合疾控部门和社区等工作人员，提供个人准确的疫情相关信息，完成流行病学调查。调查内容主要涉及：感染者疾病临床症状、病原鉴定结果、传播途径、感染群体、暴露途径、感染者（以及疑似感染者、密切接触者等）个人基本信息及发病历程等。流行病学调查结果对于鉴定生物病原、医学治疗和制定正确的疫情控制措施至关重要。

采样由现场侦检人员携带生物采样和生物快速侦检器材进入污染区域，收集空气、水、土壤、媒介动物、人员等样品，保存于低温装置中，专人专车快速送达现场检验部门和指定的实验室进行鉴定。待检的民众应主动配合工作人员，服从现场管理，有序完成生物样品的采集和检验。人员涉及的生物样品主要包括：血液、分泌物（如痰液、咽拭子、鼻拭子）、排泄物（如尿液、粪便）等。民众也可以采用简易的采样检验方法，实现个人对生物危害物质的快速识别。如在新冠疫情中，民众依据病毒采样检验的一般流程，利用SAR-CoV-2病毒抗原免疫检测试剂盒，通过个人鼻拭子采样、制样和加样，利用试纸条的检测条带颜色的变化，在几分钟内即可完成病毒感染情况的筛查。

污染区管控时往往会严格限定民众的活动空间和区域，监测民众的身体状况，需要民众的积极配合。

第五节　化学危害应对

一、战争中的化学危害

（一）历史上的化学战

1. 第一次化学战

1915年，第一次世界大战中的德国与协约国之间的战斗进入了僵持阶段，化工业最发达的德国首先想到用毒气来打破这一战局。德国人选择了西线的比利时伊普尔城所在地，准备用化工原料氯气直接吹放实施化学攻击。1915年4月22日下午5点，天空晴朗，风速大约2m/s。德军在伊普尔的6km长阵地上突然从5730个钢瓶中施放出180t氯气。5点30分，当重炮停止打击后，一些法国后备军人员从战壕里走出来，想舒展一下身躯，可是他们发现阵地前沿升腾起一团团绿色的烟云（图3-12），一人多高的浓密云团随着微风滚滚而来，几分钟后巨大的黄绿色云团到达法军阵地，守备军团全线崩溃。他们在铺天盖地的毒气云团中奔跑，可是反而吸入了更多的烟云。当德军士兵戴着用水淋湿的纱布和棉花制成的简易防毒口罩，跟在毒云后面推进了几百米后，他们看到了前所未有的恐怖场面。士兵的尸体还保持着逃跑的姿态，中毒的伤员在挣扎喘息着，剧烈咳嗽，不断吐出黄色的黏液，在无助中慢慢死去。这次毒气战，协约国有1.5万多人中毒，其中死亡5000多人。幸存者中有60%的人完全失去战斗力，有的人终生残疾。除了人员伤亡外，士兵军服上的纽扣、佩戴的手表、口袋里的硬币等都已在氯气烟云中生锈，成为暗绿色。阵地上的 60 多门大炮因尾栓全部锈死而不能发射。

图 3-12　发生在伊普尔的第一场化学战

2. 侵华日军在我国境内大量使用化学武器

在第二次世界大战期间，日本政府和军部直接参与实施了对中国的细菌战和化学战。日军总共生产了 700 多万发毒气弹，7400 多吨化学武器，这些毒气弹大部分都在中国战场上使用。日军生产出来的毒剂分别被制成毒剂弹、毒烟筒、航弹等并以炮击、空投、施放、布毒的形式用于对中国各地的侵略战争中，日军不但在战场上使用毒剂、毒弹，还到处放毒、投毒，残害无辜百姓，被毒死者不计其数。侵华日军也曾在我国山西、武汉、南昌、长沙的多次战役中用毒多达 2000 多次，施毒地点波及 18 个省区，给中国人民造成了极大的伤害。第二次世界大战期间，侵华日军违反国际法，多次使用化学武器。有确切使用时间、地点及造成伤害情况记录的多达 1241 例，造成中国军民伤亡高达约 20 万。侵华日军在第二次世界大战战败投降时，为掩盖在中国战场使用化学武器的证据，将大量化学武器掩埋地下或弃之于江河湖泊之中。这些化学武器包含了各种毒剂，如芥子气、路易氏剂、二苯氰胂、光气等。2003 年 8 月 4 日，在齐齐哈尔的一个建筑工地，挖掘出 5 个铁桶，其中一个被挖破，泄漏的毒剂导致 44 人受到感染，一人死亡。经鉴定，这五个铁桶是侵华日军遗留的芥子气毒剂罐。当前，仍然有大量的侵华日军遗留的化学武器等待被挖掘和销毁。

3. 美国对越战争中使用化学药剂

1961 年至 1971 年，在美国对越战争的十年中，美国向越南喷洒了 7300 多万升毁坏农作物的化学药剂，其中约 4500 万升有毒喷雾是橙剂，其中含有有毒化合物二噁英。橙剂是一种落叶剂，美军使用橙剂不仅对当地环境造成了长期污染，还对当地居民和参与作战的美国士兵产生了严重的健康影响，导致多种健康问题，包括癌症和其他疾病。据统计，越南约有 400 万人因接触橙剂而受到伤害，其中有大约 10 万人死亡。而在美国，参加越战的士兵中也有许多人因接触橙剂而患上了各种疾病，如白血病、淋巴瘤等。这些疾病对他们的生活产生了极大的影响，一些人甚至丧失了生命。此外，橙剂的后遗症还会影响到后代，导致新生儿有先天性缺陷。

（二）现代战争中的化学战

2013 年 3 月 19 日，叙利亚政府和反对派武装相互指责对方在阿萨尔地区的交火中使用了化学武器。2013 年 12 月 12 日，联合国叙利亚化学武器调查小组向联合国呈交有关叙利亚化学武器的最终报告，报告得出的结论是在叙利亚各派冲突中，使用过含有神经制剂沙林毒气的地对火火箭弹。

巴以冲突中，以色列被曝在 2023 年 10 月 10 日和 11 日在加沙地带人口密集区使用了白磷弹。白磷是一种非常危险的化学物质，在常温就会燃烧，还能直接与卤素、硫、金属等起作用。白磷燃烧时产生的高温能达到 1000℃以上，若人接触这种物质，就会遭受致命化学烧伤和热烧伤，伤害甚至会深及骨头。《特定常规武器公约》（1980 年 12 月 12 日联合国大会通过）明确规定，禁止交战双方使用白磷弹。

二、认识毒剂

毒剂也称为军用毒剂，是在军事行动中以毒害作用杀伤人、畜的化学物质。化学武器在使用时，将毒剂分散成蒸气、液滴、气溶胶或粉末等战斗状态，使空气、地面、水源和物体染毒，以杀伤、迟滞对方军事行动。

化学武器是以毒剂的毒害作用杀伤有生力量的各种武器、器材的总称。通常包括装有毒剂或毒剂前体的化学炮弹、化学航空炸弹、化学火箭弹、导弹化学弹头、化学地雷、航空布洒器以及其他毒剂施放器材等。国际上已将其列为大规模杀伤性武器。

一些化学弹药中没有直接装填毒剂，而是在弹体内分隔装填两种或两种以上的无毒或低毒的化学物质，这些分别装填的，能在化学弹药投射过程中经化学反应生成毒剂的化学物质就是毒剂前体。装填成的化学弹药称为二元化学武器。

植物杀伤剂是军事上用于引起植物枝叶凋落、不育甚至枯死的化学药剂。植物杀伤剂对人员没有直接杀伤作用，但可对环境造成长期严重污染，导致对人员的遗传毒性。这类物质有除草剂，能杀伤所有的植物或选择性地杀死某些种类的植物；落叶剂，使植物生理机制变化，提前落叶；干枯剂，令常绿植物茎叶脱水，干枯；土壤不孕剂，能杀死深根植物和土中的幼芽，防止或延缓植物重新生长。植物杀伤剂本来是除草和调节植物生长的农药，但是过量使用会导致环境污染，还会导致妇女流产和增加畸形胎儿。美国对越战争中就大量使用植物杀伤剂，带来了长期危害。

074

三、认识危险化学品

危险化学品通常是指那些易燃、易爆、有害和具有腐蚀性的，对人员、设备、环境造成或损害的化学品（图 3-13）。我国对危险化学品的生产、储存、运输、销售、使用和废弃等环节制定了许多国家标准，如《危险货物分类和品名编号》（GB6944-2012）、《危险货物品名表》（GB12268-2012）和《危险化学品名录》，但每年在生产、运输、贮存的各个环节，火灾、爆炸、泄漏、中毒事故还时有发生。

图 3-13　常见化学危险品标识

　　危险化学品只有接触到人员，通过吸入、食入或者皮肤、黏膜的接触，并且达到一定的剂量以后才能引起人员的中毒。其中通过呼吸道吸入是人体中毒的主要途径，许多有毒物质都会以蒸气、烟雾、微小的粉尘等形态存在，甚至有的毒物就是气态的。毒物通过呼吸道进入人的呼吸系统，可直达肺腑，在肺泡表面进行物质交换后直接进入人体的血液系统，从而导致身体的其他器官中毒。

　　食入是通过消化道中毒的途径。如果不慎吃了有毒食物，或者饮用了受到污染的水，有毒物质就会通过消化道进入胃肠道，有毒物质通过肠道壁进入血液循环系统，进而造成全身中毒症状。由于肝脏有部分解毒功能，中毒反应会比呼吸道中毒出现得晚一些。

　　皮肤接触、伤口暴露以及通过眼睛、身体黏膜等部位的接触等也能引起人体的中毒反应。一些毒物能溶于水，如氯气、氨气、氯化氢、二氧化硫等。当接触到人体的皮肤、眼睛、黏膜时能溶解于人体的汗液，对人体皮肤产生刺激作用。当然，有的溶液，如硫酸、氢氧化钠等强酸、强碱本身就有强腐蚀作用，对人体皮肤产生灼伤。

一些有机磷农药还能直接通过皮肤吸收，进入人体，甚至蒸气状态的毒物都能通过皮肤吸收产生全身中毒反应。这就是为什么夏季有人给蔬菜打农药，尽管已有呼吸道防护措施，但由于没有采取皮肤防护措施而出现中毒反应的原因。

四、化学危害防护技能

1. 发现危险及时回避

保持警觉是有效防护的前提。由于大量的建设用地在开发前并不知道原先的用途，可能会突然出现各种不明废弃物品，如埋藏的废旧金属桶、玻璃瓶，甚至锈迹斑斑的炮弹等，对于这些情况不明、甚至危险物品，首先要避免接触，不要搬动、挖掘、触摸，要做出标记，并及时向当地政府公安、环保或应急管理等有关部门报告。

如果知道自己所在的地点有可能接触到危险化学品，如有信息表明附近有化工厂、运输化学品槽罐车发生了事故等，一定要及时远离，不要去围观"凑热闹"。如果发现交通事故可能涉及化学品泄漏，火灾有化学性污染等，首先自己要立即离开危险区域，及时向有关部门报告某地发生了事故，并提醒家人和周边人员及时躲避。

如果发现附近有明显的有毒有害物质警示标识，或前方危险禁行的标志，一定要按照标识的引导行进，不要为图省事，抄近路而进入危险地带。

当没有明确的危害标识时，如果发现前方某处出现有浓密烟雾、有色甚至有特殊的味道云团飘过，也要立即寻找安全的地点和路径回避。

如果没有发现异常的烟云或味道，但发现周边有些有翅小昆虫乱扑、飞行不稳或不能起飞，甚至有死亡动物，地面有植物出现枯萎，或叶面上发现油状液滴、有色斑植物、花朵变色等，自己也要立即采取行动，边防护边向侧上风方向撤离。此时要保持镇静，不要选择低洼、山谷间的路，因为由于地形受阻，毒气往往也会沿山谷扩散。而人行进速度一般不及有毒云团扩散快。也不要选择低洼处、山洞等处躲避，这些地方往往是有毒气体积聚的地方，浓度往往比平坦处更高。

2. 就地采取防护措施

通常遇到危险时，在快速躲避的同时，还要设法利用手边的物品形成个人防护，首先是呼吸道防护，然后是皮肤防护。防护用品可以是手边的口罩、毛巾、手帕，或者棉质的衣服等。

（1）个人防护。在外人员可直接用毛巾、手帕等捂在口鼻处，有条件时可将毛巾、手帕或口罩浸水后（拧干至不再滴水）捂住口鼻。如有雨衣、塑料布不透气的材料或篷布、毯子等大件物品也可披在身上，来不及时也可将外套领子、袖口、裤口等扎紧等到安全地点后再迅速脱掉身上的衣物。

（2）居住防护。在室内的人员，利用室外污染物未到达前的时间，直接关闭门窗，用材料快速封堵门窗空隙，减少室外污染物渗入室内。如果效果不够好，也可以在室内制作简易防护器材，以室内个人防护的方法，坚持到污染云团飘散。

（3）及时消毒更衣。对可见的污染位置要及时消除。一是用纸巾、手帕吸除明显的液态油滴，液斑等；二是用消毒液或肥皂水擦洗局部位置，注意手法是在染毒位置从外向内轻轻擦洗；三是用大量的清水冲洗干净。对眼睛、面部和呼吸道的消毒不同于皮肤消毒。通常先用浓度为 2% 的小苏打水或清水冲洗眼睛。方法是把脸转向侧面，用手指撑开眼睑，小心将苏打水或清水慢慢注入眼内，使水从脸的侧面流掉，不要使染毒面积扩大。同时要防止冲出来的水流入口内。对眼睛消毒后，用纱布浸少量皮肤消毒液后对面部消毒。最后用 2% 的小苏打水或净水漱口和洗鼻。如果体表没有明显可见的液态污染，人员脱离污染区后，也要逐步脱除衣物，用浴液或清水冲洗身体，更换干净的衣物。如果自觉有不适症状，要及时对身体清洁后到医院或卫生所进行观察，必要时请专业医生救治。

平时家里应准备一些环保或劳保口罩、手套等防护用品，以备各种需要。并根据自己家庭所在位置，有针对性地准备一些手套、橡胶高筒靴套、眼镜等。阅读、保留其使用说明书，比较其防护性能。常见口罩的功能与适用环境如表 3-4 所列。

表 3-4   常见口罩防护功能及适用环境表

口罩类型	医用一次性口罩	医用外科口罩	医用防护口罩	常见 N95 口罩
密闭性	一般	一般	好	好
过滤颗粒类型	不明确	非油性颗粒	非油性颗粒	非油性颗粒
颗粒过滤效率	不明确	≥30%	1 级≥95% 2 级≥99% 3 级≥99.97%	≥95%
细菌过滤效率	≥95%	≥95%	≥95%	≥95%
应用场景	普通环境中，阻隔口腔飞沫，如公交、火车、医院等人员密集场所。不适用有毒有害气体环境	阻隔空气中颗粒物，阻隔飞沫、血液、分泌物等，如雾霾、粉尘、疫情区域等。不适用有毒有害气体环境	防护各类颗粒物，如雾霾或者粉尘环境。不适用有毒有害气体环境	
常见样式				

纱布、海绵口罩以及有内衬的布质口罩的密闭性及对有毒有害颗粒物过滤效果都不及滤纸口罩，在有毒有害的危险环境中防护呼吸道要根据呼吸道防护用品说明书选择适用的口罩。

第六节　心理危机应对

现代战争中，大威力、高精度、智能化等高技术武器装备的运用，突然、速决、隐蔽和非接触等作战方法的使用，使得战场环境更加险恶复杂，不仅给参战官兵带来身心伤害，对参战各国民众心理也带来各种消极影响。海湾战争中，美军通过大规模的舆论宣传，向世界展示其高技术武器装备和强大的军事实力，塑造"不可战胜"

的形象，同时还不断向伊拉克军队和民众传播美军人道主义理念，分化瓦解伊拉克军民的抵抗意志，不少伊拉克参战士兵出现恐惧和不安情绪，作战效能大幅降低，而伊拉克民众也陷入巨大恐慌中，社会秩序受到严重冲击。

一、心理战影响

现代战争威慑性强，欺骗手段高明，宣传手段多样化，再加上各种高精尖武器装备的大量使用，不仅可能削弱战场上官兵的战力，还会对社会民众造成各种负面影响。

（一）心理应激反应

心理应激是指个体在生活适应过程中，由于实际或认识能力上的不平衡而引起的一种通过心理生理反应表现出来的身心紧张状态。现代应激理论认为，应激是个体面临或觉察（认知、评价）到环境变化（应激源）对机体有威胁或挑战时做出的适应和应对的过程。心理应激反应通常分为四大类，包括情绪反应、生理反应、认知反应和行为反应。情绪反应主要表现为抑郁、焦虑、易怒、恐惧等；生理反应主要表现为头痛、胃痛、失眠、疲劳、食欲改变等；认知反应主要表现为注意力集中困难、记忆力下降、判断能力减弱等；行为反应主要表现为社交回避、逃避现实、滥用药物等。面对战争给生活带来的巨变，民众的心理应激反应虽有差异，但都会给民众的心理带来重创。

（二）心理战效应

心理战简称心战，是一种特殊形式的战争。它不同于陆战、海战和空战，却渗透于所有战争过程之中，是在无形战场上进行的心理交锋。心理战是以攻击对方心理为作战目标，以强烈心理刺激为主要手段，加剧战斗应激反应的发生，促使对方精神崩溃，最终丧失战斗力，达到"不战而屈人之兵"的根本目的。在现代战争中，民众虽不直接参战，但与战场也有着千丝万缕的联系，其心理影响主要表现在：面对战争的强大破坏力，担心自己和家人的生命安全而引发强烈的恐惧心理；面对战争结束的不确定性，会让民众长期处于不安状态；战争导致的社会基础设施的破坏，会引发民众基本生活需求无法满足的焦虑；战争中各种信息的大量涌入，民众在焦虑、恐慌等情绪下，对信息的甄别和判断能力下降，容易误信误传谣言，加深负面情绪影响；战争带来的社会经济的混乱状态，使民众工作、收入不稳定，进一步加大加剧心理恐慌；随着战争进程不断延续，其破坏性也会让民众对未来感到悲观和迷茫，对个人和国家前途失去信心和希望。

（三）常见攻心手段

1. 利用 AI 操控心理

人工智能（Artificial Intelligence，AI）的快速发展已经在人们的生活中得到应用，如：智慧交通中的自动驾驶技术；智慧医疗中的专家系统、医疗影像分析、健康监测；智慧物流中的货物分拣；安防系统中广泛使用的智能图像识别、人员身份验证等。但是严格地讲，上述人工智能的应用只是初级阶段，即局限在信息的输入、存贮和输出的自动化阶段。实际上，人工智能是人类历史上第一个能够独立做出决定和创造新想法的技术，它已经可以对自然语言进行识别并理解，形成人类历史上第一种经过了几十万年进化才形成的能力。这就是为什么会有一个真人可以和自己的 AI 仿真人进行在线聊天，而本人都真假难分的现象。

人类社会都是用语言来连接的，通过信息的沟通与相互的理解，形成联系，进而有了亲密的关系，甚至形成了信任。人工智能能通过大型语言模型掌握的第一件事就是复制了人类的语言识别理解的能力。当人工智能技术被用于人类社会中，就会出现机器人与人类之间的伪造关系。因为人与人之间的网络对话可能就是一个机器人与人的对话。

在战争中，如果人工智能应用于心战，就会出现 AI 根据事先人工给予的作战目标，自动扮演一种角色，用有利于敌方的、经特别加工的各种信息，无论是形成的文字、音频还是图像，对我方民众进行特定信息的饱和攻击。即你在网络上搜索关心的信息，网络就会自动发送给你相关的信息。最终这种网络就会把你团团包围，使你看不到推送信息以外的任何东西，一个针对你的信息茧房就形成了。致使你看到的、听到的都是经过筛选的，甚至是伪造的信息，外部世界被完全隔绝了，你的观念就被改变了。

一个被许多人误解的观点是认为如果获得的信息越多，就可能离真相越近。但事实上，大部分信息与真相无关，特别是从单一信息源获得的内容。信息的基本功能是连接。当有着相同观点的人在网络上形成部落时，以网红、社交媒体"大 V"等面目出现的声音就会引导众多粉丝，形成特定的社会关注点，从而形成一种舆论。多媒体网络时代，流量反映着心理趋向和公众的支持度，从而影响着战争胜负的心理因素。

2. 恐吓威胁

在战争中，对方攻心宣传的任务主要是对我方进行瓦解，击溃我心理防线、涣散军民斗争意志。比如：利用筛选过的信息或片面的报道，隐瞒自身的问题或夸大己方的战斗行为，使民众难以分辨真实情况，影响对战争性质或斗争事件的准确认知；宣传己方的受害者形象或夸大强调其民众困难，引发我民众的同情心；利用多种媒体展示战争所导致的伤亡、破坏等残酷后果，让我方民众产生恐慌、厌战情绪等；通过公开宣示和秘密传递渠道，向我方民众表明己方决心立场和动武底线，展示己方战争潜力和打击威力，警示我方战争后果，以达到动摇我方民众意志的目的。

3. 情感拉拢

情感心理战使用情感刺激的办法来促成我方心理及行为发生变化，达到瓦解我方士气，提高对方自身士气的目的，通常会采用情感共鸣、优待俘虏、发放实物等方法实施。对方往往利用传统友谊、血缘亲情、文化渊源和共同利益，对我民众实施情感同化，拉近心理距离；针对我方民众可能出现的心理弱点，施加情感刺激，引发军民沮丧失望情绪，诱使民众产生厌战、弃战、反战心理。对方利用我民众内外的矛盾、隔阂及心理弱点，分化、瓦解、破坏我军事联盟、作战体系和党派、族群的凝聚力，使我军民内部相互猜忌，离心离德，出现内乱分裂，导致"无力应战"的后果。

二、现代战争条件下民众心理状态

现代战争发生突然、影响广泛、破坏剧烈，会导致民众心理上的巨大震荡和影响，群体性出现如焦虑、害怕、恐惧、无助、悲伤、自责等情绪反应，认知和行为的异常改变，甚至导致心理崩溃、精神失常等。

（一）恐惧焦虑

战争中不断响起的警报声、导弹袭击的爆炸声、遭袭后的惨叫声，以及周围人群出现的伤亡，都会使人们感受到生命的脆弱与不堪一击，从而产生对战争的恐惧感。个人恐惧心理的集合容易形成群体恐慌，造成抢购、抢兑等社会乱象，还会引发个体出现明显的不适反应，如情绪崩溃、认知和行为紊乱等。战争使民众生活基础设施遭到破坏，造成大规模停水、停电，大量私有财产毁于战火，社会网络联系被中断，民众无法正常生活和工作，从而产生焦虑情绪。随着战争进程的推进和战争负面影响的不断叠加，民众对于当前的生活困境及未来的不确定性所产生的焦虑情绪会不断加重，主要表现是过度紧张、担忧，失眠、食欲不振等。

（二）极端偏激

战时恐慌的心理和行为引发的人与人之间的刺激反应会成为有些人泄愤的导火索，其表现形式通常是通过制造和传播各类谣言和偏见，引起更多人态度和行为改变，当然这也可能是对方实施心战攻击的一种手段。这一类行为不仅危害社会稳定，还会使更多不明真相的民众感到不安和害怕，走向心理和行为极端。此种心理状态极易引发危机事件，出现伤害自己或他人的行为。

（三）疲倦厌战

战争给民众带来巨大的精神压力，使其处于高度紧张的状态，从而引发人体自发的应激反应。而当战事持续时间较长时，人们不可避免地会由于长时间应激而进入衰竭状态，表现为浑身无力、四肢麻痹僵硬、反应迟钝、行动缓慢等，甚至即使听到警报信号响起，也会因反应迟钝、精神倦怠而不能及时采取安全避险措施。随着战争的持续发展，无论参战官兵还是社会民众都会进入一种备受煎熬的状态，在神经高度紧张并且长时间无法得到缓解的情况下，普遍会对战争产生厌恶感而意志消沉。同时，在对方的心理进攻下，不在战争第一现场的民众，极易产生错误认知，对作战目的和动机产生怀疑，出现动摇、恐慌等心理反应，对战争胜负抱有悲观情绪，战胜信心动摇，形成消极的社会心理氛围，降低对军队和政府的支持率，进而影响国家的整体作战能力。

（四）悲伤绝望

任何时候，当人们目睹身边亲友亡故或者遭受财产损失时，都会产生悲伤的情绪。战争中丧亲、致残的民众群体数量骤增，而且绝大部分群体都承受着极大的内心悲痛和心理创伤，进而长时间沉浸在抑郁情绪中难以自控，而身体、心理都会随着发生巨大变化，如：乏力困倦、睡眠障碍、对生活失去信心、对事物丧失兴趣、觉得自己的存在没有意义等。当人们在战争中失去了亲人、家园和安全感，或者由于看到了对方夸大武器杀伤性能、渲染恐怖气氛、炫耀武力的军事胁迫等，以及对自身力量估计过低，缺乏战胜对手的自信心时，就会对战争前途感到怀疑、悲观、担忧，从而灰心丧气，部分民众甚至会感到未来已经没有希望，从而产生绝望感，并易做出一些非理智的举动。

三、民众心理防护的方法与技巧

战时民众心理防护，是动员和组织民众为避免战争给心理造成伤害、削弱和消除心理负面反应所采取的行动和措施。民众有效的心理防护，不仅是获得战争胜利的前提和基础，也是社会稳定和国家安全的重要保障，更加关乎于民众个人的健康状况和生活质量，因此，战时民众做好心理防护主要可以从以下几方面着手。

（一）正确处理信息

面对纷至沓来的各类消息，始终保持清醒头脑，始终坚持对国家、对军队的爱戴与信任，不断增强民族自豪感和自信心。要时刻警醒，提高防范意识，初步辨别接收到的信息是否为对方所发布的心理战制品。确保接收来自官方媒体的相关报道，对于来源不明、发布者身份不明的信息不看、不听、不传，尽量从官方电视、广播、网络等渠道获取战争局势、安全措施、救援进展等方面的准确信息。心理战表现形式及个人处理方式如表 3-5 所列。

表 3-5　心理战表现形式及个人处理方式表

心理战制品	表现形式	作用目的	处理方法
传单	图片、文字	震慑、利诱、离间	勿传播、自己销毁
信件、杂志、书籍	图片、文字	传播虚假信息、瓦解意志	勿翻看、上交社区
短视频、网络新闻	视频、图像	制造假象、歪曲事实	勿观看、卸载平台
短信息	链接、文字、图像	反面宣传，制造恐慌	勿点开、勿转发、及时删除

（二）提升心理韧性

心理韧性是指个体在面对压力、挫折、逆境或危机时，能够保持或恢复心理健康和功能的能力。心理韧性越强，遇到危机的心理恢复能力也越强。通过掌握日常积极心理的培养方法，加强自我心理调节能力，便可在心理危机出现时保持较强的自身心理承受力，化解自己的心理危机。

1. 充实生活，避免被无效信息包围

数字进化速度远比生物进化速度快，大约快数十亿倍。如果 ChatGPT 是 AI 的初级阶段，那么未来的人工智能会是什么样，其样貌可能是现代的我们难以想象的。如果在心理战中要保持自身的心理稳定，一定程度上应限制自己从网络上输入无效信息。即进行所谓的"信息斋戒"。要丰富自己的生活内容，多做一些自己喜欢的事情，比如和家人朋友一起看看喜欢的电影、电视剧，也可温习爱国主义题材的电影；看官方媒体的新闻报道或者战时特定专栏频道的报道；玩一些简单的娱乐小游戏；听一听熟悉的音乐；与家人、老友聊天，谈谈最近生活的变化、心情的状态，分享趣事或者倾诉遇到的困扰，表达对他人的感恩和欣赏；规律锻炼身体，发展自己的爱好等，减少自身对网络和信息的依赖。

2. 觉察内在情绪，激发自我潜力

在国际局势动荡时，感觉到担心、焦虑不是坏事，这些情绪可以驱动自己积极应对，做好提前的准备，也可以督促自己关注一些新闻和自救方法；觉察内心的感受，告诉自己目前的一些恐惧、害怕、焦虑、担心等情绪都是很正常的，没有关系，就让它出现或消失，我们也可以带着这些情绪正常作息、规律生活；积极与自我对话，自我鼓励，无论是大声地或无声地自言自语都可以，通过这种方法可以提高自己应对艰难挑战的能力。

3. 保持积极心态，坚定民族自信

面对可能到来的战争，不被谣言引发恐慌，多关注事实和数据，根据事实来判断自己的担忧是否合理；保持对自己和国家应对危机的信心，看到身边积极团结和温暖支持的力量，例如国家不断进行 **085** 军事演习等；肯定自己作为中国公民的骄傲和自豪，关注中国当前世界地位和实力的记录、报道，培养自己的民族自豪感。

（三）掌握调适技能

人的行为和心理控制最终都是通过自身来实现，危机到来时，我们只有积极应对、勇于应对、充分调动自己的意志和潜力才能很好地度过危机。

1. 自我调适

一是自我放松法，适用于紧张、焦虑、恐惧等情绪失调及头痛失眠等生理症状。最简便易行的是深呼吸放松法。深呼吸放松时使用让自己舒适的姿势，立姿、坐姿、卧姿均可，深深吸气，屏住呼吸，然后尽量放松全身肌肉，同时缓慢地呼气，反复做 9 次或 10 次，每次都要尽量延长屏息和呼气时间，增加放松程度，多次练习之后可以减弱负性情绪反应，缓解战场环境带来的压力。二是注意转移法，主要用于缓解战争灾难不确定性带来的恐慌、烦躁等不良情绪。通过一定的途径把注意力从引起不良情绪的信息源转移到别的事物上，避免长时间处于不良情绪体验中。比如，暂时放下手机、关上电视广播，将眼光看向远方，哼唱喜欢的歌曲，默想一些平静温馨的场景都能在一定程度上缓解烦躁、恐慌等不良情绪。三是合理宣泄法，如倾诉、哭泣、呐喊、大笑、书写、涂鸦、奔跑等，也可通过日记、微博等把心里的不快表达出来；还可向家人、朋友倾诉等。四是自我暗示法，积极的心理暗示可以坚定意志、振奋精神、稳定情绪、增强凝聚力。自我暗示时，一定要"坚信其一定有效"的心理准备，如自我暗示，"我能做到，我一定可以""我的思维很清晰""我全身都在放松，我感到平静"。五是自我内省法，可以给自己写诸如"心路历程""疗愈笔记"来记录自身感到特别担忧、恐惧和焦虑的具体时间、相关事件，描述自己的感觉和想法，对问题的反应以及采取的应对措施。这样的记录既可以帮助自己把每一个可能导致焦虑的因素记录起来，然后通过逐个审查、分析，找到根本因素，不仅能够预防不良情绪产生，还可以防止扩散。战时可以根据需要或场地选择一种或者多种适合自身的方法进行调整适应，以保持良好心理状态。

2. 帮助弱势群体

儿童比成人更脆弱，受到危机冲击时缺乏具体且完整的表达能力，这时需要家长从情绪和行为上判定其是否应激过度或产生心理创伤，同时可向专业人员求助对儿童给予更多关照。此时，对待儿童都应做到：第一，促进表达。鼓励并倾听儿童说话，允许他们哭泣，尽量不要唠叨孩子，条件允许的情况下鼓励孩子多玩游戏，不要强求儿童表现勇敢或镇静。第二，多做解释。不要批评儿童的幼稚行为，这只是暂时的，是儿童对突发灾难的常见心理反应，对儿童不理解、不明白的事情要用他们能够理解的方式解释。同时要给予他们希望，向儿童承诺，战争会过去的，会有人来帮助我们。第三，多陪伴。儿童在危机出现时，也能够很敏感地捕捉到家人的情绪变化，也会最缺乏安全感，因此需要父母、其他监护人或身边的人多陪伴，制造安全、稳定的环境氛围。

老人在应对危机时同时具有优势和劣势，大多数老人具备应对经验，但听力障碍或行动不便的老人出现心理危机的概率也会增加。因此，应发挥集体力量，对老人给予以下方面的关注和照顾：第一，关注身体变化。无论老人是否有基础疾病，从危机发生开始观察意识清醒程度、面色、脉搏、表达能力、听力等是否有变化。第二，关注必备物资。比如药物、拐杖、用于求救的手机等是否在身上携带。第三，关注陪同人员。有无子女或亲属陪同。

（四）依靠集体和专业力量

无论是平时还是战时，集体的力量和资源会远大于个人，当危机出现时，个人可以寻求的不仅有单位、社区、街道、村镇、工会、共青团、妇联、红十字会等正式社会组织，还有合法社团、合法慈善机构以及志愿者组织。这些组织在平时有一定的危机处置专业人员，也有具备心理咨询资格和能力的专业心理工作人员，这都是民众可信赖的团队力量。在危机出现期间，还会有心理服务志愿者队伍，他们都是由专业人员组成，为民众提供专业心理服务的团队，民众可以主动寻求帮助。这些集体和组织还会组织团体心理训练、团体支持性活动、集体晤谈等方法帮助民众对抗由于孤独、无助等个体能量不足导致的心理危机，充分发挥"1＋1＞2"的作用，提升民众共同应对危机事件的能力，民众应当积极参与到这些团体心理训练的活动中（图3-14）。

图 3-14　集体心理训练

参 考 文 献

[1] 全军军事术语管理委员会. 中国人民解放军军语[M]. 北京：军事科学出版社，2011.

[2] 尚则连，宗先贵. 战 w 争动员史[M]. 北京：解放军出版社，2016.

[3] 任民. 国防动员学[M]. 北京：军事科学出版社，2023.

[4] 刘严萍. 社区应急教育效能影响因素研究[J]. 安全，2021，42（11）：26-31.

[5] 赵玲，郝月彤，张博，等. 后疫情时代我国突发事件应急教育的思考[J]. 南京中医药大学学报（社会科学版），2022，23（03）：206-210.

[6] 刘严萍. 城市社区应急教育实施现状调查研究[J]. 城市与减灾，2022（01）：26-29.

[7] 石萍，吴仁海. 现代战争对环境的影响及战后环境恢复[J]. 重庆环境科学，2003（12）：182-184.

[8] 陈宏. 侵华战争期间日本实施细菌战与化学战之研究[J]. 大连近代史研究，2010，7（00）：379-391.

附　录

附录一：救护外伤方法

外伤救护是战后自救互救措施中最需要跟时间赛跑的救护措施。外伤救护的关键在于快速、正确地实施急救措施，包括心肺复苏、止血、包扎、固定和搬运等。外伤救护一般需要多人配合完成，这就离不开社区居民平时的小组协作训练。

一、心肺复苏

对于心跳呼吸骤停的患者，应立即进行心肺复苏术，包括胸外按压和人工呼吸。确保现场环境安全后，判断患者是否无意识、无脉搏、无自主呼吸，立即拨打 120 并取得自动体外除颤仪（AED）。让患者平躺在地上，解开衣服，暴露胸部，进行胸外按压，深度为 5～6cm，频率为 100～120 次/min。每次按压后保证胸廓充分还原。胸外按压 30 次后，打开患者气道，去除口内异物，进行 2 次人工呼吸。人工呼吸时，施救者的口应完全罩住患者的嘴，吹气时应将胸廓抬起。每做 5 组心肺复苏后，评估患者的呼吸、脉搏和意识，直到 120 救护车赶到（图 F-1）。

图 F-1　胸外心脏按压姿势

二、止血

止血有加压包扎法、止血带法、填塞法等方法。

（1）加压包扎法。这是创伤后止血最常用的包扎方法。方法是包无菌纱布或放在伤口上，用纱布垫压住，再用绷带压住。填塞法主要用于肌肉出血、骨折断端。首先用大块无菌纱布覆盖伤口，再用纱布条或绷带填塞，然后加压包扎。这种方法止血不够彻底，会增加感染的几率，但能达到一定的止血目的。

（2）止血带。止血带一般用于肢体大出血，加压包扎无法止血的情况。在伤口近端放置垫，然后用止血带加压包扎止血。在这种方法中，要注意加压时间不能过长或过紧，以免造成患者远端肢体坏死。

（3）填塞法。对于颈部或臀部等较深伤口止血，可用无菌纱布填塞伤口，然后包扎止血。

需要注意的是，要迅速暴露伤口并检查，采取急救措施；有条件的情况下要妥善处理伤口，如清除伤口周围油污、局部消毒等；止血带必须包裹在伤口的近端，松开止血带前，用手按压动脉近端；止血带松紧要合适，以远端止血、无脉搏为佳；敷料材料，尤其是直接覆盖伤口的纱布，应严格无菌。如果没有无菌敷料，尽量使用相对干净的材料，如干净的毛巾、布等；绷带不能太紧或太松，打结或固定的部分应在肢体的外侧或前方。

三、包扎

常用的快速包扎伤口的方法有以下几种。

（1）环形法：此法多用于手腕部、肢体粗细相等的部位。首先将绷带环形重叠缠绕。第一圈斜状环绕；第二、第三圈做环形缠绕，并将第一圈之斜出一角压于环形圈内，最后用黏膏将带尾固定，也可将带尾剪成两个头，然后打结（图 F-2）。

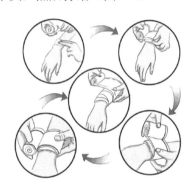

图 F-2　绷带环形包扎方法

（2）蛇形法：此法多用于夹板固定。先将绷带按环形法缠绕数圈。按绷带宽度作间隔斜着上缠或下缠。

（3）螺旋形法：此法多用于肢体粗细相同处。先按环形法缠绕数圈。上缠每圈盖住前圈三分之一或三分之二呈螺旋形。

（4）螺旋反折法：此法应用肢体粗细不等处。先按环形法缠绕。待缠到渐粗处，将每圈绷带反折，盖住前圈三分之一或三分之二。依此由下而上地缠绕。

需要注意的是，打绷带不要过紧，也不能过松。不然会引起血液循环不良或松得固定不住纱布。如果没经验，打好绷带后，看看身体远端有没有变凉，有没有浮肿等情况，如果有就是绷带打得太紧了，应立即重新调整。打结时，不要在伤口上方，也不要在身体背后，免得睡觉时压住不舒服。在没有绷带而必须急救的情况下，可用毛巾、手帕、床单（撕成窄条）、长筒尼龙袜子等代替绷带包扎。

四、固定与搬运

固定是对于骨折或其他需要固定的伤情，应使用木板或其他硬质材料进行临时固定，以避免移动时加重伤情。搬运是在急救措施实施后，应尽快将伤员搬运至安全地带，等待专业救援人员的到来。在搬运过程中，要注意以下几点。

（1）优先处理危及生命的伤情，如止血、包扎、固定等。

（2）伤病员体位要适宜、舒服，避免不必要的振动，脊柱、脊髓损伤的伤员应严防颈部与躯干前屈或扭转，应使脊柱保持伸直状态。

（3）动作要轻巧、迅速，避免加重伤病员的痛苦或损伤。

（4）对于腹部内脏脱出的伤员，应采取适当的姿势防止内脏继续脱出，已经脱出的内脏不得回纳腹腔，以免加重污染。可以使用大小合适的碗或伤员的腰带等物品进行临时固定和保护。

（5）昏迷伤员应侧卧或俯卧于担架上，头偏向一侧，以利于呼吸道分泌物的引流。

（6）骨盆损伤的伤员应首先用三角巾或大块包扎材料做环形包扎，然后让伤员仰卧于门板或硬质担架上，膝微屈，膝下加垫。

（7）对于身体带有刺入物的伤员，应先包扎好伤口，妥善固定好刺入物，才可搬运。搬运途中避免震动、挤压、碰撞，以防止刺入物脱出或继续深入。

五、烧伤急救

烧烫伤可以分为Ⅰ度、Ⅱ度、Ⅲ度。Ⅰ度烧伤的程度较轻，通常只伤及表皮，主要表现为皮肤红肿疼痛、皮肤温度稍有增高。Ⅱ度烧伤分为浅Ⅱ度烧伤和深Ⅱ度烧伤。浅Ⅱ度烧伤通常伤及整个表皮及部分真皮乳头层，主要表现为剧痛、有明显的局部红肿和大小不一的水疱，局部温度明显增高。深Ⅱ度烧伤通常伤及真皮乳头层以下，水疱较小、创面苍白、有红色出血点、局部温度低。Ⅲ度烧伤为皮肤全层毁损的烧伤，主要表现为局部苍白、无水疱、患处丧失感觉、皮肤发凉。

一旦发生烧烫伤，可按以下步骤进行现场急救：①迅速离开热源，用凉水冲洗烧伤部位 30min；②充分冲洗和浸泡后，小心除去烧烫伤部位的衣物，注意不伤及皮肤；③去除衣物后，将烧烫伤部位在冷水中浸泡 30min，以降温止痛；④冲洗浸泡后，用干净纱布或干净毛巾覆盖伤口，避免感染；⑤进行上述紧急处理后，及时送医。需要注意的是，切忌在烧烫伤处涂抹牙膏、紫药水、酱油、醋等，也不要挑破水疱或直接冰敷，防止加重病情。

通过这些措施，可以在战后第一时间有效地进行自救互救，为伤员争取宝贵的生存机会和治疗时间。

093

附录二：自制饮用水的方法

由于战后物资供应保障有限，医疗卫生条件也有限，所以确保饮水安全，避免肠道疾病和传染病发生尤为重要。饮水首先选用政府发放的饮用水，饮水的器具要保持干净。如果政府发放的饮用水无法满足需求时，可以自制饮用水。自制饮用水可以通过以下几个方法进行过滤消毒。

1. 蓄水

把水存放在容器中，至少存放两天后再烧开使用。

2. 过滤

混浊水源可以用过滤方法进行处理。水流经微孔材料可以截留悬浮颗粒，但无法去除细菌和细小混浊物。过滤水在饮用前应该进行高温或化学消毒。

3. 高温消毒

高温消毒是对少量水进行消毒的最有效方法，通过煮沸 2～3min 即可杀灭病原微生物。在海拔较高区域利用高压锅煮沸水可杀死水体中的病原微生物，直接饮用。

4. 阳光消毒

在没有药剂，水体比较干净的条件下，阳光照晒也是有效的消毒办法。将水体盛放在干净容器中，在阳光下照晒一天；再利用干净的瓶子装满 3/4 左右，完全摇晃 20 次左右，放在阳光下 6h（多云天气需要两天左右），即可直接饮用。

5. 化学消毒

氯是较便宜和常用的消毒剂。其突出优点是具有余氯的持续消毒作用，操作简便，不需庞大的设备。但氯气本身有毒，使用时必须注意安全，防止泄漏。且水经氯消毒后往往会有一些有害物质残留。

6. 活性炭吸附

活性炭可去除水中污染物和病原微生物。直接将在市面购买的活性炭投加到待处理的水体中，投加量为 5～20g/L，视水体的污染程度，经过 30min 到 2h 的静置后，可去除水中的污染物。

以上几种方法可以根据实际情况联合使用，以达到更好的消毒效果，获得更安全的饮用水，如将慢速沙滤和活性炭吸附两种方法结合即可制成简易净水器（图 F-3）。

图 F-3　自制简易净水器

附录三：食物中毒防治措施

　　在战时或灾害发生时，一定要注意收听政府关于食品监测与应急供给的信息。平时购买食材时也要"望闻问尝"：看看食材的色泽有没有异常，气味是否和平常不同，有怀疑时可以及时向服务人员询问制作的时间和过程等，吃的时候如有异味要马上停止食用。同时避免食用颜色鲜艳的蘑菇或者自采的野菜，避免食用有毒物质导致食物中毒。

　　有些食物加工不当或储存不当可能会引起食物中毒，应避免食入，如未煮熟的四季豆、发芽的土豆、未煮熟的黄花菜、冷冻过的姜、未煮熟的蚕蛹、不新鲜的海产品。

　　如果多人吃完东西以后同时感觉胃肠不舒服，甚至出现恶心、呕吐、腹痛、腹泻等症状，或者出现某些神经系统或精神方面的症状，并且症状出现较快的，可以初步判断为食物中毒。一旦发生食物中毒，首先，判断是何种食物引起的中毒，并立即停止食用和封存可疑含毒食物。然后尽快催吐，可以用筷子或手指刺激咽喉引发呕吐反射进行催吐；如果进食时间超过 2~3h，可以服用泻药促使有毒食物尽快排出体外。中毒后应立即大量饮用温开水或淡盐水，补充身体因呕吐、腹泻而丢失的水分和电解质，防止脱水和电解质紊乱。还可以喝鲜牛奶，鲜牛奶可以中和体内毒素，降低其对身体的影响。在进行简易应急处理后应尽快将中毒者送医院进行治疗。

附录四：清理废墟的方法

国家生态环境部在 2008 年颁布了《灾后废墟清理及废物管理指南（试行）》，对平时的预防、灾后废墟及废物分类清理和管理、资源化利用、减容和减量、环境无害化处置等环节的程序和要求都做出了明确规定。根据该规定，灾区废物管理的优先等级依次为传染性废物、危险废物和城市及农村的生活垃圾、一般工业固体废物、建筑废物及生活用品。可见，排在第一位的是传染性废物管理。传染性废物主要有禽畜尸体、医疗废物、被尸体污染的废物等。对传染性废物集中消杀是防止疫情传播的重要手段，尤其是各类动物尸体，可能携带很多病毒和细菌。居民在第一时间对其消杀，不仅保护自己，还能保护环境。2023 年 8 月，国家颁布了《洪涝灾区环境卫生处置与预防性消毒指引（2023 版）》，虽是用于指导洪涝灾害后环境卫生清理与消毒工作，但是也可作为战后灾害环境卫生处理的借鉴。

对环境清理中清出的新鲜动物尸体应尽快深埋或火化，对已经发臭的动物尸体，可用有效氯 5000～10000mg/L 的含氯消毒剂溶液喷洒尸体及周围环境，去除臭味并消毒，然后再深埋处理或火化。尸体清理后需要对其场所进行消毒处理，可选用有效氯 1000～2000mg/L 的含氯消毒剂溶液喷洒，作用时间为 30～60min。

动物尸体深埋的场所应由当地政府指定，不得随意乱埋。地点应选择远离水源及居民点的地方，选择人口密集区的下风向。挖土坑深 2m 以上，在坑底撒漂白粉或生石灰，把动物尸体投入坑内，再用漂白粉按 20～40g/m² 撒盖于动物尸体上，一层尸体一层漂白粉，然后覆土掩埋压实。运送动物尸体的交通工具可采用有效氯 1000～2000mg/L 的含氯消毒剂溶液，或其他有效的消毒剂溶液喷洒，作用时间 30～60min。如遇较大量体液等污染的情况，应先采用有效氯5000～10000mg/L 的含氯消毒剂溶液去污染后再用前法处理。车辆、工具每次使用后消毒。

对于需要采取临时焚烧措施处置废物的，应当尽量使用现有处置设施或工业窑炉进行焚烧；尽可能避免露天焚烧。确需应急露天焚烧的，焚烧地点应当远离饮用水源地，尽可能远离人群和环境敏感区域（如住宅和临时避难场所），并应在主导风向的下风向。

对于灾后医疗废物，应重点收集和处置感染性废物及被感染性废物污染的物品。有条件的，应当送集中处置设施处置。对不具备条件的，应当尽快就地处置。就地处置具体要求是对使用后的一次性医疗器具和容易致人损伤的医疗废物以及感染性废物，应当及时消毒；能够焚烧的，应当及时焚烧；不能焚烧的，消毒后予以填埋。